365일, 날마다 내 삶을 변화시키는 한 문장

五感을 만족시키는 캘리그라피

글·구성 두드림 | 캘리그래피 박효지 | 사진 이지예

달콤한아침!
포근한저녁

1판 1쇄 | 2016년 12월 10일
1판 2쇄 | 2017년 2월 6일
글·구성 | 두드림
캘리그래피 | 박효지
사진 | 이지예
펴낸이 | 장재열
펴낸곳 | 단한권의책
출판등록 | 제251-2012-47호 2012년 9월 14일
주소 | 경기도 광명시 광명로 832번길 18-13, C동 302호
전화 | 010-2543-5342
팩스 | 070-4850-8021
이메일 | jjy5342@naver.com
온라인 카페 | http://cafe.naver.com/onenonlybooks

ISBN 978-89-98697-32-7 03810
값 | 16,000원

작가 프로필

글·구성
두드림(do dream)

꿈꾸지 말고 꿈 하라(do dream)! 꿈만 꾸고 머릿속으로 생각만 해서는 이루어지지 않습니다. 꿈(dream)을 이루려면 끊임없이 움직이며 뭔가를 해야(do)만 합니다. 도전해야 합니다. 두드려야 합니다. 끊임없이 두드리고 도전해야 꿈이 이루어집니다(do dream).
글쓰기 역시 '두드리는' 일(do dream)입니다. 글로 꿈을 두드리고, 사람의 마음을 두드리고, 세상의 문을 두드리는 일입니다. 그래서 오늘도 나는 꿈을 이루기 위해, 독자의 마음 문을 열기 위해, 세상과 밀도 있게 소통하기 위해 부족하나마 글로 쉬임없이 두드리고 또 두드립니다.
『달콤한 아침 포근한 저녁』이 독자 여러분의 마음 문을 열게 했으면 좋겠습니다! 그 문틈 사이로 햇살 한 줌 들여보내 주었으면 좋겠습니다!

캘리그래피
박효지

책은 '문자'와 '그림'으로 이루어집니다. 캘리그래피는 그 자체로 '문자'이면서 동시에 '그림'입니다. 문자의 진중함과 품격을, 그림의 우아함과 아름다움을 모두 갖춘 '문자그림'입니다. 붓펜이나 붓으로 흰 종이 위에 무언가를 쓸 때 문자는 그림이 되고 그림은 문자가 됩니다. 문자가 아름다움을 옷 입고, 그림이 품격을 갖춥니다.
캘리그래피로 무언가를 쓰는 시간은 내게 참 행복한 시간입니다. 이 책을 만들기 위해 하루하루 캘리그래피를 쓰는 그 시간도 행복했습니다. 그 행복이 독자 여러분에게 전해졌으면…!
디자인 어워드 캘리그래피 부문 우수상(2011), 한양예술대전 캘리그래피 부문 특선 우수상(2012), MBC

"나는 계속 배우면서 나를 갖추어 나간다.
언젠가는 나에게도 기회가 찾아 올 것이다."

_ 에이브러햄 링컨

작가 프로필

슬로건디자인 좋은 친구상(2013)을 받았으며, 지은 책에 『캘리그래피 쉽게 배우기』 『따라 쓰며 쉽게 배우는 캘리그래피』 등이 있습니다. 날마다 캘리그래피를 쓰고, 또 가르치며 행복하게 살고 있습니다.

사진
이지예

 Decisive Moment. 결정적 순간. 얼핏 단조롭고 지루해 보일 수도 있는 우리 일상을 유심히 살펴보면 수많은 'D. M.'으로 가득 차 있다는 것을 알게 됩니다.

사진 찍기는 바로 그 수많은 'D. M.'을 포착해 평범한 일상을 비범하게 바꾸고 개인의 역사를 만들어 가는 일입니다. 남겨 놓지 않는다면 기억조차 나지 않을 수많은 순간을 간직하기 위해 오늘도 낡은 필름 카메라를 메고 사소함을 담습니다. 작은 들풀이나 들꽃, 스쳐 가는 사람들, 그때의 그 순간들을 사진으로 고스란히 기록합니다. 그중 365개의 찰나의 순간이 이 책에 담겼습니다. 이 책을 읽는 시간이 독자 여러분을 위한 또 하나의 'D. M.'이 되기를….

지은 책에 『어느 날 문득, 춘천 전주 경주』가 있고, 『슬로 트립』 『카페 윤건』 『뜨거운 위로 한 그릇』 『따라 쓰며 쉽게 배우는 캘리그래피』 등 다수의 책 사진 작업을 했으며, 지금은 여행에세이를 준비 중입니다.

그것은 희망이다

"내 비장의 무기는 아직 손안에 있다. 그것은 희망이다."
— 나폴레옹

31
December

작가의 말

매일매일 작은 변화로 큰 변화와 성장을 이루세요!

한때는 "한 권의 책이 인생을 바꾼다!"라는 말을 믿지 않았습니다. 하물며 '한 문장'임에랴! 하지만 『달콤한 아침 포근한 저녁』에 들어갈 영화·드라마 명대사, 책 명구들을 눈이 벌게지도록 찾고 정성 들여 새로운 문장을 쓰면서 '한 권의 책'이, 그리고 '한 문장'이 우리 삶을 변화시킬 수 있다는 걸 믿게 되었습니다. 이 책을 준비하는 과정에 제 삶에 그런 변화가 일어났으니까요! 제 생각에 변화가 일어나고 행동에 변화가 일어났으니까요!

큰 변화만 변화이고 작은 변화는 변화가 아닌 게 아닙니다. 1cm나 1mm의 작은 변화도 분명한 변화입니다. 성장이고 성숙입니다.

1mm의 변화를 무시하거나 하찮게 여기지 마세요. 그 작고 미세한 변화가 당신의 1년을 크고 드라마틱하게 바꿔놓을 수 있으니까요! 날마다 '1mm의 변화'를 이루며 365일을 살아간다면 당신의 1년은 365mm의 변화, 즉 3m 65cm의 크고 놀라운 변화와 성장, 성숙을 이루게 될 겁니다.

『달콤한 아침 포근한 저녁』과 함께 당신의 인생을 긍정적으로 변화시켜 보세요. 서두르거나 조급해할 필요는 없습니다. 여유를 즐기며, 소소한 행복을 챙기며, 달팽이처럼 천천히 나아가는 겁니다. 매일매일 1mm씩!

_이재 두드림

30
December

우리는 인생을 살면서 매일매일 여행하고 있다.
우리가 할 수 있는 건 이 멋진 여행을 즐기기 위해
최선을 다하는 것이다.

_ 영화 〈어바웃 타임〉 중에서

우리는 인생을 살면서 매일매일 여행하고 있다

●
날마다 여행하듯 인생을 산다면 우리 삶은 지루하지 않을 겁니다. 허무하지 않을 겁니다.
매 순간 예기치 않은 경험을 하게 될 테고, 놀라움과 즐거움으로 가득 찬 삶을 살게 될 겁니다.
당신의 모든 삶의 공간을, 그리고 시간을 여행의 순간으로 바꿔 보세요. 당신 앞에 신나는 삶이 펼쳐질 겁니다.

01
JANUARY

365일, 날마다 내 삶을 변화시키는 한 문장
달콤한 아침 포근한 저녁

29
December

내 삶은 타고 남은 초가 아니다.
인생을 완전히 불태운 사람으로 세상을 떠나고 싶다.
나는 삶을 돌아보며 이렇게 말하고 싶다.
"잘 살았다. 가슴이 시키는 대로."
그 말을 하기 위해 죽을 때까지 기다리지 말자.
지금 이 순간 삶의 한가운데로
그 말을 끌어내자.

_ 알렌 코헨, 《내 것이 아니면 모두 버려라》(도솔) 중에서

01
January

기억해요, 레드. 희망은 좋은 거예요.
모든 것 중에서 최고라고 할 수 있죠.
그리고 좋은 것은 절대 사라지지 않아요.

_ 영화 〈쇼생크 탈출〉 중에서

좋은 것은 절대 사라지지 않아요

•
희망보다 좋은 것은 없습니다. '성공'이나 '행복'도 희망만 못합니다.
성공과 행복은 결과이지만 희망은 과정입니다. 성공과 행복은 그 자체로 완결된 상태이기에 발전성이
없습니다. 그러나 희망은 무한한 가능성을 가지고 있습니다. 희망은 한 발 한 발 좀 더 나은 곳을 향해 나아가게
합니다. 희망과 함께 그 길을 걷는 사람은 지치지 않습니다. 좌절하지 않습니다. 포기하지도 않습니다.
희망이 계속해서 새 힘을 불어넣어 주기 때문입니다.

28
December

오래 걸으면 다리가 지치는 것처럼
오래 사랑하면 마음이 지치게 된다.
그러나 난 회복될 것을 믿는다.
진실한 사랑의 변화는
Love-Love-Love다.

_ 영화 〈소울메이트〉 중에서

LOVE LOVE LOVE

02
January

무언가 '되기(be)' 위해서는 반드시
지금 이 순간 무언가를 '해야(do)'만 해.

_ 스튜어트 에이버리 골드, 《Ping: 핑!》(웅진윙스) 중에서

be do

27
December

일생을 마친 다음에 남는 것은
우리가 모은 것이 아니라 우리가 남에게 준 것이다.

_미우라 아야코, 《속 빙점》(홍신문화사) 중에서

03
January

노력한다고 항상 성공할 수는 없지만
성공한 사람은 모두 노력했다는 걸 알아둬!

_ 애니메이션 영화 〈곰돌이 푸〉 중에서

●

'성공을 이루는 일'과 '노력하는 일'은 모두 등산과 비슷합니다. '성공을 이룬다'라는 말은 '산 정상에 오른다'라는 말과 같습니다. 산의 높낮이와 상관없이 꼭대기에 발을 디뎠다면 정상에 오른 것입니다. 성공을 이룬 것입니다. '노력하는 일'은 한 발 한 발 걸어서 산을 오르는 행위와 같습니다. 이 꾸준하고 뚝심 있는 과정을 겪지 않고는 산 정상에 도달할 수 없습니다. 아, 헬기를 이용해 산꼭대기를 밟을 수도 있겠군요. 그러나 그것은 등산이 아닙니다. 성공이 아닙니다.

26
December

인생에 정답이 있나?

"인생에 정답이 있나?
선택만 있지."

_ 영화 〈펀치〉 중에서

●

매 순간 올바른 선택을 통해 좀 더 나은 답을 찾아가는 것.
그것이 바로 인생 아닐까요?

04
January

과거 미래

과거의 내가 그립다면
미래에 그리워할 현재의 나에 주목하라.

_정선혜 · 서영우, 《시간의 마법》(21세기북스) 중에서

25
December

사랑이란 게 처음부터 풍덩 빠져버리는 건 줄만 알았지.
이렇게 서서히 물들어 가는 것인 줄은 몰랐어.

_ 영화 〈미술관 옆 동물원〉 중에서

•
사랑은 '소나기'보다는 '이슬비'에 가깝습니다. 소나기는 잠시만 맞고 서 있어도 온몸을 흠뻑 적셔
버립니다. 사람들을 화들짝 놀라게 하고 피해 달아나게 합니다. 비를 가려 줄 곳을 찾느라 분주하게 합니다.
이슬비는 사람을 놀라게 하지 않습니다. 마치 오래 알고 지내온 친구처럼 부드럽게 다가와 천천히 몸을
적십니다. 사랑은 이슬비처럼 조용히 다가와 마침내 당신의 몸과 마음과 영혼까지 흠뻑 적십니다.

원하는 걸 알면 절반은 이룬 거야.
사람은 대개 평생 원하는 게 뭔지도 모르고 살아.

_ 영화 〈캐쉬백〉 중에서

05
January

24
December

진짜 실패자가 뭔지 아니?
진짜 실패자는 지는 게 두려워서
도전조차 안 하는 사람이야!

영화 〈미스리틀 선샤인〉 중에서

06
January

나는 연필이었고 그래서 흑심을 품고 있었다.
당신 마음에 '좋아해요'라고 쓰고 싶었지.

_ 김연수, 《세계의 끝 여자친구》(문학동네) 중에서

•
당신도 연필이면 좋겠습니다.
그래서 당신도 내게 한 번쯤 '흑심'을 품으면 좋겠습니다.
내 마음에 '나도 당신을 좋아해요!'라고 써 주면 좋겠습니다.

23
December

잊지 마라

잊지 마라.
알은 스스로 깨면 생명이 되지만,
남이 깨면 요리감이 된다고 했다.

_ 김난도, 《아프니까 청춘이다》(쌤앤파커스) 중에서

•

자기 부리로 쪼아 알을 깬 새가 튼튼한 날개를 얻습니다.
드넓은 창공을 얻습니다. 자유를 얻습니다. 세상을 얻습니다.

07
January

행운은 준비된 사람을 더 좋아해!

행운은 준비된 사람을 더 좋아해! _ 애니메이션 영화 〈인크레더블〉 중에서

22
December

사랑은 하루아침에 모든 걸 잃게 될 정도로
우리를 바보로 만들어 버리죠.

_영화 〈물랑루즈〉 중에서

당신을 사랑합니다!
당신을 사랑하다가 모든 걸 잃어도 좋을 만큼 당신을 사랑합니다.
당신을 사랑하다가 바보가 되어도 괜찮을 만큼 당신을 사랑합니다!

08
January

누군가를 좋아하면 시간은 둘로 나뉜다.
함께 있는 시간과
그리고, 함께 있던 시간을 떠올리는 시간

_ 은희경, 《소년을 위로해줘》(문학동네) 중에서

●

누군가를 진심으로 좋아하세요. 사랑하세요.
그(그녀)와 함께 있는 시간을 많이 만드세요.
그 사랑이, 그 시간이 당신의 삶을
풍성하게 만들어 줄 겁니다.
혼자 있는 시간에도 외롭지 않게,
쓸쓸하지 않게 해 줄 겁니다.

함께있는 시간과,
함께 있던 시간을 떠올리는 시간

21
December

세상은 큰 잔칫집 같아도
어느 곳에선가 늘
울고 싶은 사람이 있어.

_ 이상국, 《국수가 먹고 싶다》(지만지) 중에서

09
January

넘어지지 않는 사람은 없어.
단, 일어나는 사람만이
앞으로 나아가는 법을 배우는 거야.

_애니메이션 영화 〈밤비〉 중에서

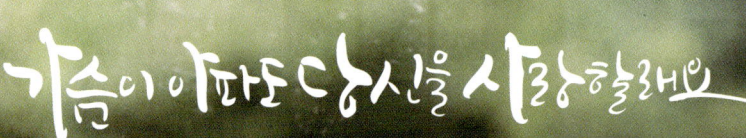
가슴이 아파도 당신을 사랑할래요

사랑보다 더 큰 고통이 있나요?
내게 당신은 완벽한 사람이에요.
가슴이 아파도 당신을 사랑할래요.

_영화 〈러브 액추얼리〉 중에서

20
December

10
January

내가 왜 여기에 있을까, 왜 태어난 걸까
하는 생각이 들 때마다 이 말을 기억해 줘.
결국 사람은 사랑하고 사랑받기 위해서
태어난다는 것을.

_ 하야시 미키, 《미안해, 스이카》(놀) 중에서

•
당신이 이 세상에 태어나 주셔서 고맙습니다! 내 사랑을 받아 주셔서 고맙습니다!
사랑하는 그대, 기억해 주세요. 나 또한 당신의 사랑을 받기 위해 태어났다는 걸.

19
December

젊어지고 싶으면 사랑을 하라!
이것만큼 효과적인 방법도 드물다.
사랑하는 사람이 없다고 절망할 필요는 없다.
왜냐하면 사랑했을 때와 똑같이, 아니
그 이상으로 효소의 힘을 높일 수 있는
능력을 우리 마음이 갖고 있기 때문이다.

_ 신야 히로미, 《불로장생 탑시크릿》(맥스미디어) 중에서

11
January

내 마음의 숲은 바로 너였나 봐

널 만나서 내가 커졌고,
너 때문에 매일 새로워지고,
널 보면 힘이 나.
내 마음의 숲은 바로 너였나 봐.

_ 영화 〈가을로〉 중에서

숲은 꽃을 피우는 풀과 열매를 맺는 나무를 키웁니다. 꽃으로 벌과 나비를
부르고, 열매로 새들을 불러 모읍니다. 당신은 내 마음의 숲입니다.
그 숲에, 그 나무들에 예쁜 '사랑의 둥지'를 만들고 싶습니다.
우리의 사랑을 아름답게 꽃피우고 싶고 탐스럽게 열매 맺고 싶습니다.

18
December

서로 다른 길을 가고 있을 뿐 마지막 도착하는 곳은 같다.

_ 영화 〈벤자민 버튼의 시간은 거꾸로 간다〉 중에서

●
우리는 지금까지 서로 다른 길을 걸어 왔고, 지금 이 순간에도 각자의 길을 걸어가고 있습니다.
그러나 마침내 우리는 같은 곳에 도달하게 되리란 걸 믿습니다. 우리의 처음 출발점은
0도보다는 오히려 180도에 가까웠고, 그 과정에도 종종 그러했지만, 시나브로 0도를 향해
나아가고 있음을 의심하지 않습니다. 우리가 같은 곳에 도착하는 날, 우리의 각도가 0도에
무한히 가까워지는 날, 나는 당신이 되고 당신은 내가 될 겁니다.

12
January

너가 날 기억한다면, 다른 모든 사람이 날 잊어도 상관없어.
_무라카미 하루키, 《상실의 시대》(문학사상사) 중에서

•
당신이 날 기억하지 못한다면 다른 모든 사람이 날 기억해도 반갑지 않습니다.
당신이 날 사랑하지 않는다면 슈퍼스타처럼, 영웅처럼 세상 모든 사람이 날 사랑해도 기쁘지 않습니다.

생각하지 말고 걱정하지도 마.
때가 오면 어떻게 해야 할지 알게 돼.

_ 애니메이션 영화 〈인크레더블〉 중에서

13
January

늘 놀라움의 연속이지, 그것이 청춘의 특권일세.

늘 놀라움의 연속이지, 그것이 청춘의 특권일세. _영화 〈1월의 두 얼굴〉 중에서

16
December

의미 있는 그것을 위하네

의미 있는 것들을 위해
투쟁할 만큼 용감하십시오.
남들이 아닌 바로 '나'에게
의미 있는 그것을 위해.

_파울로 코엘료, 《흐르는 강물처럼》(문학동네) 중에서

바다에 붓는 한 방울 물과 같다

모든 노력은
단지 바다에 붓는 한 방울 물과 같다.
하지만 만일 내가 그 한 방울의 물을 붓지 않았다면
바다는 그 한 방울만큼 줄어들 것이다.

_ 박완서, 《호미》(열림원) 중에서

14
January

우리가 어떤 존재로 다른 사람에게
비춰지는가 하는 것은
우리의 능력이 아닙니다.
그것은 우리의 선택일 뿐입니다.

_영화 〈해리 포터와 비밀의 방〉 중에서

15
December

15
January

이거다 싶으면 잡는 거야. 놓치고서 후회하지 마라. _ 영화 〈사랑을 놓치다〉 중에서

어떠한 가뭄에도 마르지 않는다

사랑으로 만들어진 샘물은
어떤 가뭄에도 마르지 않는다.

_강석경·김남조 등, 《깊은 우물》(영학출판사) 중에서

14
December

16
January

사랑은 누군가를 너보다 먼저 두는 거야.
_ 애니메이션 영화 〈겨울왕국〉 중에서

당신을 사랑합니다!
언제나 당신은 '넘버 원',
나는 '넘버 투'입니다.

적당히 채워라.
어떤 그릇에 물을 채우려 할 때
지나치게 채우고자 하면 곧 넘치고 말 것이다.
모든 불행은 스스로 만족함을 모르는 데서 비롯된다.

_ 최인호, 《상도 4》(여백미디어) 중에서

13
December

행복이란 항상 선물이며, 언제나 기적이다.
우리는 기적이 우리를 비켜가지 않도록
손을 뻗어 잡기만 하면 된다.

_ 안젤름 그륀, 《하루를 살아도 행복하게》(위즈덤하우스) 중에서

17
January

12
December

도저히 불가능해 보이는 일을 해 보지 않으면
내 안에 숨어 있는 능력은 영원히 빛을 못 볼 수도 있다.
잠재력을 끄집어내는 과정은 고통스럽지만,
한계를 뛰어넘어 잠재력의 발현을 경험하는 것은
살면서 느낄 수 있는 몇 안 되는 소중한 순간이다.

_ 황농문, 《몰입》(알에이치코리아) 중에서

18 January

너무나 할 일이 많을 때 자신을 괴롭히지 마세요.
당신의 문젯거리를 잊어버리세요.
_ 애니메이션 영화 〈겨울왕국〉 중에서

당신의 문젯거리를 잊어버리세요

●
인생길에서 우리는 순간순간 많은 문제를 만납니다. 그 문제들은 '엉킨 실타래'와 같습니다.
한 번 엉킨 실타래를 조급한 마음으로 풀려고 애쓰지 마세요. 자칫 더 걷잡을 수 없이 엉켜 버리기 쉬우니까요.
엉킨 실타래를 푸는 방법은 두 가지입니다. 하나는, 잠시 한쪽으로 치워 두고 잊어버렸다가 시간이 지나
좀 더 편안해진 마음으로 다시 풀어 보는 겁니다. 그러면 뜻밖에 쉽게 풀릴 수도 있습니다.
또 하나, 너무 많이 엉켜 도저히 풀리지 않을 땐 엉킨 부분을 과감히 끊어 내고, 처음부터 다시 시작하는 겁니다.

결국 내일은 내일의 태양이 떠오를 테니까. _ 영화 〈바람과 함께 사라지다〉 중에서

내일의 태양이 떠오를 테니까

태양계가 형성되고 태양이 태양의 자리에, 지구가 지구의 자리에 자리를 잡은 그 순간부터,
그 떼려야 뗄 수 없는 관계가 맺어진 순간부터 지금까지 변하지 않는 진리가 있습니다.
'내일은 내일의 태양이 떠오른다는 것.' 비록 구름에 가려 맨눈으로 태양을 볼 수 없는 날일지라도
태양은 늘 그 시간에 그 자리를 지키며 떠 있습니다.

19
January

지금 내 맘이 바쁜 것인가? 아니면 세상이 바쁜 것인가?

지금 내 마음이 바쁜 것인가? 아니면 세상이 바쁜 것인가? _ 혜민, 《멈추면, 비로소 보이는 것들》(쌤앤파커스) 중에서

10
December

머무는 곳을 소중하게 알아야 한다.
고을이건 사람이건
바로 내가 지금 서 있는 이 자리,
내가 만난 이 순간의 이 사람이
내 생애의 징검다리가 되는 것인즉.

_ 최명희, 《혼불》(매안출판사) 중에서

20
January

중요한 건 겉모습이 아닌 마음이야

겉모습이나 출신이 무슨 상관이야. 중요한 건 겉모습이 아닌 마음이야.

— 애니메이션 영화 〈공주와 개구리〉 중에서

09
December

사랑이란
결코 미안하다는 말을
해서는 안 되는 거야

사랑이란 결코 미안하다는 말을 해서는 안 되는 거야. _영화 〈러브 스토리〉 중에서

인생에서 가장 멋진 일

인생에서 가장 멋진 일은
사람들이 당신이 해내지 못할 거라
장담한 일을 해내는 것이다.

_ 월터 배젓

21
January

08
December

행복할 때는 행복에 매달리지 말라.
불행할 때는 이를 피하려고 하지 말고
그냥 받아들이라.
그러면서 자신의 삶을 순간순간 지켜보라.
맑은 정신으로 지켜보라.

_ 법정, 《아름다운 마무리》(문학의숲) 중에서

행복은 '고양이'를 닮아서, 지나치게 집착하고 매달리면 저만치
달아나 버립니다. 반대로, 행복을 너무 많이 의식하지 않고 약간
무심하게 대하면 슬금슬금 다가옵니다. 불행은 자신을 노골적으로
싫어하고 피하려 하는 사람에게 오히려 더 악착같이 달라붙습니다.
자신에게 달려들 듯 다가오는 불행을 편안히 받아들이면 녀석은 잠시
머물렀다가 떠나갑니다. 행복에 지나치게 매달리지 않고 불행을
지나치게 싫어하며 피하지 않는 것, 그것이 바로 행복의 비결입니다.

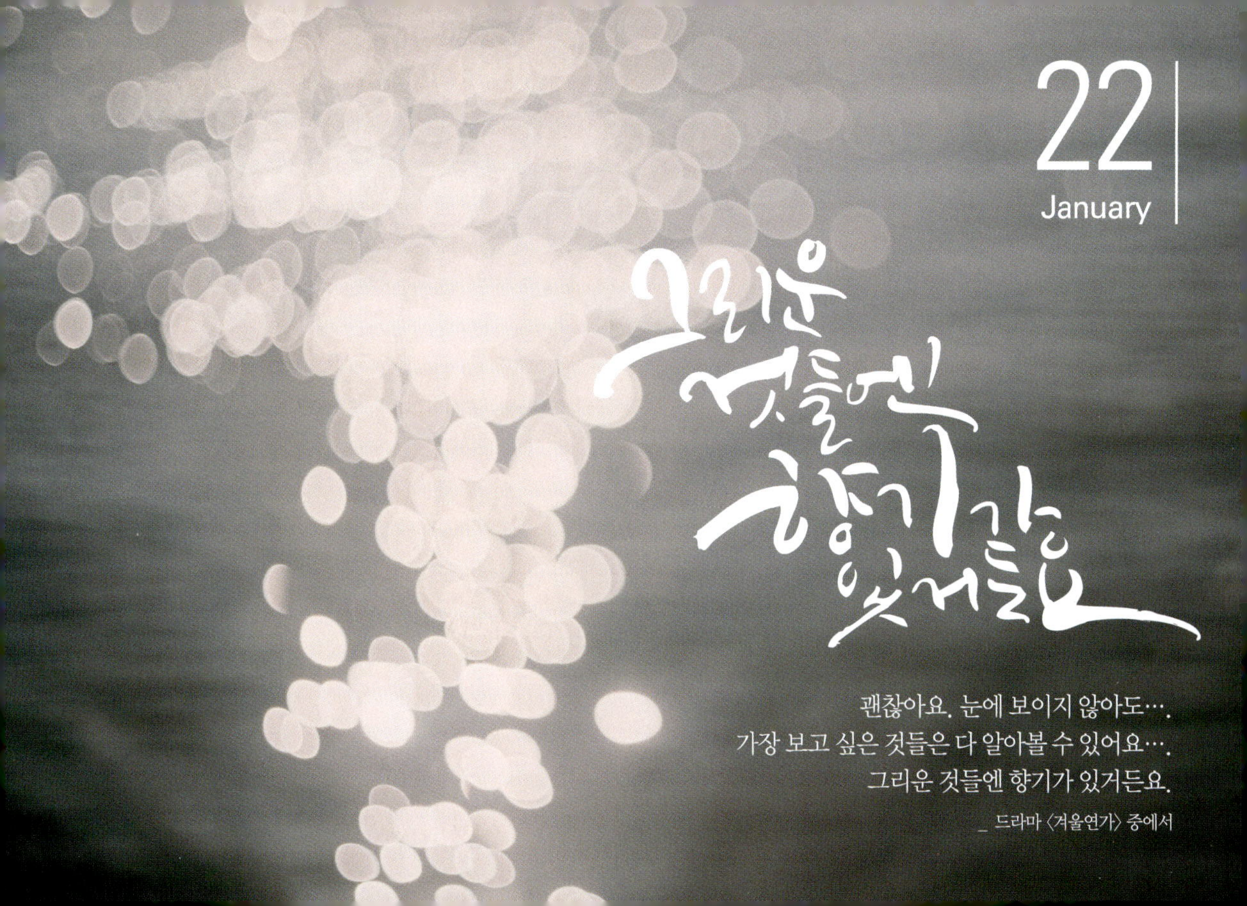

22
January

그리운 것들엔 향기가 있거든요

괜찮아요. 눈에 보이지 않아도….
가장 보고 싶은 것들은 다 알아볼 수 있어요….
그리운 것들엔 향기가 있거든요.

_ 드라마 〈겨울연가〉 중에서

두려워하지 말자

07
December

두려워하지 말자.
등산이란 길이 끝나는 곳에서
시작되는 법이다.
우리가 가게 되면 새로운 길이 되고
또 다른 루트가 된다.

_ 영화 〈히말라야〉 중에서

●
길이 끝나는 곳에서 신발 끈을 고쳐 매고,
마음을 단단히 하여 다시 길을 떠나듯,
새롭게 등산을 시작하듯 우리 인생도 그러합니다.
더는 희망이 없다고 생각하는 절망의 순간이
진정한 인생의 출발점입니다.
길이 끝난 곳에서 진짜 등산이 시작되듯
절망의 순간에 진짜 인생이 시작됩니다.

23 January

사랑의 원인이 되어야 한다

인간의 나약함이 서로를 떼어 놓는 원인이 되기보다는
사랑의 원인이 되어야 한다.
이것을 깨달았을 때 우리는 행복해질 수 있다.

_ 톨스토이, 《톨스토이 단편선 2》(인디북) 중에서

이것이 진정한 성공이다

자기가 태어나기 전보다 세상을 조금이라도
살기 좋은 곳으로 만들어 놓고 떠나는 것.
자신이 한때 이곳에 살았음으로 해서
단 한 사람의 인생이라도 행복해지는 것.
이것이 진정한 성공이다.

_ 류시화, 《지금 알고 있는 걸 그때도 알았더라면》(열림원) 중에서

06
December

24
January

그래야 운명이다

운명은 시시때때로 찾아오지 않는다.
적어도 운명적이라는 표현을 쓰려면
아주 가끔 우연이 찾아드는 극적인 순간이어야 한다.
그래야 운명이다.

_드라마 〈응답하라 1988〉 중에서

05
December

져 본 적이 없는 녀석들은 남의 마음을 몰라.

_ 영화 〈그렇게 아버지가 된다〉 중에서

●

『이기는 습관』이라는 책이 엄청난 베스트셀러가 된 적이 있습니다. 누구나 이기고 싶어 하는
개인의 욕망을 잘 포착하고 책에 담아냈기 때문일 겁니다. 누구나 이기는 삶을 원합니다.
그러나 이기기만 하는 삶은 바람직하지 않습니다. 매력적이지도 않습니다.
늘 이기기만 하는 사람, 1등 자리를 놓쳐 본 적 없는 사람은 지는 사람, 꼴찌를 도맡아 하는
사람의 마음을 이해하지 못합니다. 그래서 자칫 그 '이김'이 진정한 승리가 되지 못하고
인간관계를 망치는 '독'이 될 수도 있습니다.

잃은 길도 길입니다

25 January

잠시 가던 길을 잃었다고
무어 그리 조급할 게 있겠습니까.
잃은 길도 길입니다.

_ 이원규, 《길을 지우며 길을 걷다》(좋은생각) 중에서

잃은 길도 길입니다. 잠시 잃어버린 그 길이 새로운 길을 안내해 줄 겁니다.
잃어버린 시간도 시간입니다. 그 시간이 새로운 기회를 찾아 줄 겁니다.
잃어버린 사랑도 사랑입니다. 사랑을 잃어버려 쓰라리고 아픈
당신의 심장을 새로운 사람이 나타나 따뜻하게 어루만져 줄 겁니다.

04
December

친구 적

"부친께서 제게 많은 것을 가르쳐 주셨죠.
바로 이 방에서.
'친구는 가까이에, 적은 더 가까이에
둬야 한다'고 하셨죠."

_ 영화 〈대부 2〉 중에서

멋진일이 생길거야

26
January

때론 미친 척하고
딱 20초만 용기를 내볼 필요가 있어.
진짜 딱 20초만 창피해도 용기를 내는 거야.
그럼 장담하는데, 멋진 일이 생길 거야.

영화 〈우리는 동물원을 샀다〉 중에서

03
December

지키고 싶은 것이 생겼어.
그건 바로 너야!

_ 애니메이션 영화 〈하울의 움직이는 성〉 중에서

27
January

마음을 열어, 누군가 올 거야.
누군가 널 위해 올 거라고.
하지만 먼저 네가 마음의 문을 열어야 해.

_ 케이트 디카밀로, 《에드워드 툴레인의 신기한 여행》(비룡소) 중에서

●

'마음의 문'에는 손잡이가 바깥쪽에 없고 안쪽에만 있습니다. 더구나
그 문은 매우 튼튼해서 아무리 힘센 사람도 밖에서는 열 수 없습니다.
당신이 빗장을 풀고 손잡이를 당겨 문을 열어야만 밖에 있는 사람이
안으로 들어올 수 있습니다. 사랑이 이루어질 수 있습니다.

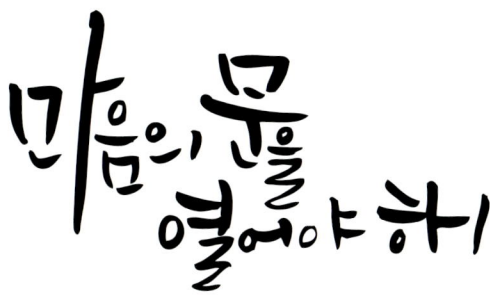

02
December

살아 있는 사람들은 삶이 영화 같기를 바라고
영화 속 사람들은 삶이 실제 같기를 원해요.

_ 영화 〈카이로의 붉은 장미〉 중에서

28
January

얼마나 큰 용기가
필요한지 알아?

당신을 유혹하기 위해
얼마나 큰 용기가 필요한지 알아?

_ 영화 〈우리도 사랑일까〉 중에서

01
December

자네가 무언가 간절히 원할 때
온 우주는 자네의 소망이
실현되도록 도와준다네.

_파울로 코엘료, 《연금술사》(문학동네) 중에서

•

온 우주가 나의 후원자가 되고 응원군이 되는 삶.
생각만 해도 근사하지 않나요?
온 우주가 나를 격려해 주고 도와준다면 이
세상에 이루어지지 않을 일이 없을 겁니다.
간절한 바람은 정말 힘이 센가 봅니다. 온 우주를
움직여 나를 도와주게 하니까요.

자네가 무언가 간절히 원할 때

29
January

모든 성공은 언제나 장애물 뒤에서
그대가 오기를 기다리고 있다.

_ 이외수, 《하악하악》(해냄) 중에서

그대가 오기를 기다리고 있다

12
DECEMBER

365일, 날마다 내 삶을 변화시키는 한 문장
달콤한 아침 포근한 저녁

30
January

가야 할 때
가지 않으면 말이다

가야 할 때 가지 않으면 말이다.
가려 할 때 갈 수가 없단다.

_ 영화 〈세상에서 가장 빠른 인디언〉 중에서

●
가야 할 때는 과감히 나아가야 합니다. 해야 할 일은 망설이지 말고, 미루지 말고 지금 해야 합니다. 수백 번의 고민보다 단 한 번의 실천이 우리 삶을 한 발 더 전진하게 하고 성장하게 합니다. 모든 일에는 '때'가 있습니다. 망설이다가 기회를 놓쳐 버리면 다시는 기회가 오지 않을 수도 있습니다. 정말로 가야 할 때 가지 못하게 되고, 해야 할 때 하지 못하게 될 수도 있습니다.

널 사랑해

내가 잠들기 전에 마지막으로 이야기하고 싶은 사람이
바로 너이기에 널 사랑해….

_ 영화 〈해리가 샐리를 만났을 때〉 중에서

30
November

31
January

과거는
바꿀 수 없지
하지만
미래는 아니야

과거는 바꿀 수 없지. 하지만 미래는 아니야! _ 영화 〈슈퍼맨이었던 사나이〉 중에서

29
November

저는 실망하는 것보다 아무것도 기대하지 않는 게
더 나쁘다고 생각해요.

_ 루시 모드 몽고메리, 《빨간 머리 앤》 중에서

●

아무것도 기대하지 않는 것보다 실망하는 게 낫습니다. 자신에게든 타인에게든 아무것도
기대하지 않는다는 것은 눈곱만큼의 희망도 품지 않는다는 걸 의미합니다. 그러므로
시도하지 않습니다. 노력하지 않습니다. 애초 아무런 기대도 하지 않았기에, 희망도 품지
않았기에 실망할 일도 없습니다. 그러나 자신에게든 타인에게든, 혹은 무슨 일에서든
'실망한다'는 건 애초 기대를 걸고 희망을 품었다는 의미입니다. 비록 결과는 좋지 않지만,
그 과정에 노력했다는 의미입니다. 시도했다는 의미입니다. 분투하고 애썼다는 의미입니다.
그런 절절한 마음과 시행착오가 다음의 성공을 위한 밑거름이 됩니다. 자산이 됩니다.

02
FEBRUARY

365일, 날마다 내 삶을 변화시키는 한 문장
달콤한 아침 포근한 저녁

진정한 사랑

진정한 사랑은 모든 열정이 타고 없어졌을 때,
그때 남은 감정이다.

_ 영화 〈코렐리의 만돌린〉 중에서

28
November

01
February

당신이 없으면
난 내가 아니야

당신이 나의 부족한 면을 채워 줘
당신이 없으면 난 내가 아니야

_ 영화 〈제리 맥과이어〉 중에서

셸 실버스타인의 책 『어디로 갔을까 나의 한쪽은』
생각이 납니다. 잃어버린 자신의 '한 조각'을 찾아
여행을 떠난 동그라미 이야기를 다룬 그 책 말입니다
그렇습니다
어쩌면 우리는 모두 '한 조각을 잃어버린
동그라미'인지도 모르겠습니다
내 한 조각인 당신은 어디 있나요
내 앞에 나타나 나를
'온전한 동그라미'로 만들어 주세요

가을이 가면 겨울이 오듯

가을이 가면 겨울이 오듯
사람도 기억도 이렇게 흘러가는 것임을

_ 공지영, 《빗방울처럼 나는 혼자였다》(오픈하우스) 중에서

02
February

나의 가장 큰 보물

나의 가장 큰 보물은
내가 나 자신의 주인이며
불행을 두려워하지 않는다는 사실이다.

_ 슈테판 츠바이크, 《츠바이크가 본 카사노바, 스탕달, 톨스토이》(필맥) 중에서

26
November

포기 안 합니다

포기 안 합니다.
절대로 포기 안 합니다.

_영화 〈변호인〉 중에서

03
February

사랑하기 때문에 사랑하는 것이 아니라
사랑할 수밖에 없기 때문에 당신을 사랑합니다!

_ 영화 〈번지점프를 하다〉 중에서

사랑할 수
없기때문에
당신을
사랑
합니다

25
November

걷는 사람이 더 예쁘다

세련된 것보다는 투박하더라도
원형 그대로인 것이 더 대견하다.
앉아 있는 사람보다는 서 있는 사람이,
서 있는 사람보다는
걷는 사람이 더 예쁘다.

_ 이제하, 《모란, 동백》(이야기가있는집) 중에서

04
February

부정적인 상황을 뒤집어 보면
거기엔 항상 긍정적인 면이 있게 마련이에요.
동전의 양면처럼 말이죠.

_ 존 고든, 《에너지버스》(쌤앤파커스) 중에서

동전의 양면처럼 말이죠

사랑이 뭐 별건가?

사랑이 뭐 별건가?
행복했던 시간, 짧은 기억 하나면 충분한 거지.

_ 영화 〈해바라기〉 중에서

24
November

05
February

한 번 만난 건 잊지 못하는 거다.
기억해 내지 못하는 것뿐이지.

_ 애니메이션 영화 〈센과 치히로의 행방불명〉 중에서

기억해 내지 못하는 것뿐이지!

23
November

절실히 원하는 것은 이루어지게 되어 있습니다.
여러분의 마음 안에 영순위는 반드시 이루어집니다.
아직도 못 이뤄진 것은, 영순위가 안 되었기 때문입니다.

_ 게이트, 《깨달음의 연금술》(유란시아) 중에서

●
내 마음속 '이 순위', '삼 순위'인 일이 이루어지길 바라는 건 논에 볍씨만 뿌려 놓고 내버려 뒀다가 가을에 풍작을 얻기를 바라는 것과 다르지 않습니다.
초점을 정확히 맞춰 강렬한 햇빛을 최대한 모은 돋보기가 종이를 태우고, 나무를 태우고, 물건을 태우듯 우리 마음속 소망도 마찬가지입니다.
가장 절실한 소망이 이루어질 가능성이 높습니다. 진정 소망하고 계획하는 일이 있다면 당신의 마음속 가장 윗자리에 놓아두세요.
그리고 절실함을 키우며 어떻게든 이루려고 노력해 보세요. 어느 사이 그 꿈은, 소망은 현실이 되어 있을 겁니다.

06
February

내가 달라지기 이전에
세상이 달라지는 법은 없다—

내가 달라지기 이전에 세상이 달라지는 법은 없다.
내가 달라지면 반드시 세상도 달라진다.
그대는 그럴 리가 없다고 생각할지도 모른다.
그렇다면 그대는 아직 달라져 본 적이 없는 하수다.

이외수, 《글쓰기의 공중부양》(해냄) 중에서

아주 특별한
인생을 말이죠

선택받는 게 아니라 선택하는 삶을 살 거예요.
아주 특별한 인생을 말이죠.

_ 영화 〈헬프〉 중에서

22
November

07
February

가치 있는 일을 하는 데 있어서
너무 늦거나 너무 이른 건 없어.
_ 영화 〈벤자민 버튼의 시간은 거꾸로 간다〉 중에서

너무 늦거나
너무 이른 건 없어

그럼 성공은 뒤따라올 거야

21
November

이런 얘기가 있어.
공부는 부를 위해 하는 것이 아니라
성취하기 위해 하는 것이다.
너의 재능을 따라가 봐.
그럼 성공은 뒤따라올 거야.

_ 영화 〈세 얼간이〉 중에서

08
February

한 가지 좋은 점

어머니가 시각을 잃었을 때 한 가지 좋은 점은
손님이 방문했을 때 집이 지저분한지 아닌지 볼 수 없었던 일입니다.
덕분에 어머니는 심신이 편해졌습니다.
온종일 청소 걱정을 하지 않아도 되었으니까요.

_ 버니 S. 시겔, 《내 마음에도 운동이 필요해》(해냄) 중에서

•

'잃는 것'이 '얻는 것'일 때가 있습니다.
나무는 겨울에 잎과 열매를 잃고, '나이테'를 얻습니다.
좀 더 단단하고 강인해지는 겁니다.
알 속의 새는 껍질을 잃고 창공을 얻습니다.
그 드넓은 세상을 힘껏 날갯짓하며 날아다닙니다.
그러니 잠시 '잃는 것'을 두려워하지 마세요.
더 큰 것을 얻게 될 테니까요!

20
November

글쓰기와
인생의 정답은
하나뿐이
아니다

정답에 집착하는 습성이 무개성을 낳는다.
글쓰기와 인생의 정답은 하나뿐이 아니다.

_ 영화 〈컬러풀 웨딩즈〉 중에서

09
February

도망치든가 극복하든가

과거는 상관없어. 아프긴 하겠지.
하지만 둘 중 하나야.
도망치든가, 극복하든가.

_애니메이션 영화 〈라이온 킹〉 중에서

19
November

나비의 날갯짓과 같이 조그만 것이
지구 반대편에서는 태풍을 일으킬 수도 있다고 한다.

_ 영화 〈나비 효과〉 중에서

10
February

세상에서 제일 중요한 것은
어떻게 하면 내가
정말 나다워질 수 있는지
아는 것이다.

_몽테뉴, 《몽테뉴 수상록》 중에서

'내가 나답다'라는 것만큼 중요한 일도 없습니다.
'나다워진다'는 것만큼 어려운 일도 없습니다.
진정 나다워지려면 생각과 행동이 일치해야 하기 때문입니다.
속마음을 이루는 '생각'과 겉모양을 이루는 '행동'이 일치하지 않고
따로 노는 사람이 '나다울' 수 있을까요? 당신의 속마음과 겉모양이,
생각과 행동이 일치하도록 끊임없이 노력하세요.
그 과정에 당신은 좀 더 '당신다워질' 것이며,
좀 더 나은 사람이 되어 갈 것입니다.

세상에서 제일 중요한 것

18
November

내 삶의 크기를 결정한다

질문의 크기가 내 삶의 크기를 결정한다.

_ 고미숙, 《공부의 달인 호모 쿵푸스》(북드라망) 중에서

●

인생은 '물음표(?)'를 '느낌표(!)'로 바꾸어 가는 과정입니다.
인간에 대해, 사회에 대해, 자연에 대해, 우주에 대해 끊임없이 묻고 또 물으며
지식을 얻고 깨달음을 얻는 일입니다. '물음표'를 '느낌표'로 바꾸는 일입니다.

11
February

타이타닉 표를 구한 건
내 생애 최대 행운이었어요.
당신을 만났으니까!

_ 영화 〈타이타닉〉 중에서

•

누군가와 '같은 배를 탄다'는 것은
큰 의미가 있습니다.
첫째, '운명을 같이한다'는 의미입니다.
살아도 같이 살고
죽어도 같이 죽는 관계가 되는 겁니다.
둘째, 같은 방향으로 나아가고
같은 곳을 목적지로 한다는 의미입니다.
당신을 만난 건 내 인생 최대의 행운이었습니다.
당신이 나와 함께 '배'에 올라,
같은 목적지를 향해 나아가면 좋겠습니다.

17
November

사랑한다면 지금 말해야 한다

사랑한다면 지금 말해야 한다.
숨 가쁘게만 살아가는 이 순간들이
아쉬움으로 변하기 전에 말해야 한다.

_드라마 《응답하라 1988》 중에서

사랑에는 '나중에', '시간 나면' 같은 어휘나 표현이 들어설 자리가 없습니다.
오직 '지금 이 순간'만 있을 뿐입니다. 사랑한다면 '지금' 말해야 합니다. 표현해야 합니다.
상대가 당신의 마음을 받아들이게 하기 위해, 상대도 당신을 사랑하게 하기 위해 노력해야 합니다.
사랑은 '흐르는 물 속의 물고기' 같아서 내 다리를 스쳐 지나가는 그 물고기를 잽싸게 움켜잡아야 합니다.

12
February

심장을 갖고 있는 게야

빛을 보기 위해서 눈이 있고
소리를 듣기 위해서 귀가 있듯이
인간이 시간을 느끼고 알기 위해
심장을 갖고 있는 거야.

_ 미하엘 엔데, 《모모》(비룡소) 중에서

16
November

이제 우리는 길을 헤매거나,
멈출 수밖에 없는 날이 오더라도
다시 한걸음 나아가는 걸 결코 망설이지 않을 거다.

_ 영화 〈잉여들의 히치하이킹〉 중에서

13
February

약속 시간 15분 전, 당신은 어디에 있는가?

"약속 시간 15분 전,
당신은 어디에 있는가?"
약속 시간 15분 전, 당신의 위치는
곧 당신의 오늘의 위치를 말해 준다.
그리고 그것은 내일의 위치를 예고해 준다.

_ 김영식, 《10미터만 더 뛰어봐!》(21세기북스) 중에서

15
November

진정한 앎은 말 이전의 침묵에서
그 움이 튼다.

_ 법정, 《살아 있는 것은 다 행복하라》(조화로운삶) 중에서

•

'침묵'의 씨앗에서 '앎'의 싹이 트고 지식으로 자랍니다.
'조용한', '잠잠한'이라는 뜻의 영어단어 silent에는 '듣다'라는 의미의 단어
listen이 배열 조합과 순서만 달리한 채 고스란히 들어 있습니다.
그렇습니다. 침묵해야 들을 수 있습니다. 잘 들어야 알게 되고, 깨닫게 되고, 지식이 쌓입니다.
그러므로 '침묵'에서 '앎'이 싹트고 '지식'으로 자라간다는 말은 결코 과장된 표현이 아닙니다.

14
February

저기 언니,
사랑은 하는 게 아니라 빠지는 거야!

_ 일드 〈내가 연애 못 하는 이유〉

●

맞습니다. 사랑은
'하는' 게 아니라 '빠지는' 겁니다.
영어에서도 '사랑한다'를
'do love'라고 하지 않고
'fall in love'라고 하지 않습니까!
사랑을 '하려고' 하면 인위적이 되기 쉽고
억지스러워지기 때문입니다.
그냥 '빠지면' 됩니다.
사랑의 강에 그냥 '풍덩' 하고 빠지면 됩니다.

사랑은 하는게 아니라 빠지는 거야

14
November

손수건은
상대방에게
빌려주기
위한 겁니다

손수건은 상대방에게 빌려주기 위한 겁니다. _ 영화 〈인턴〉 중에서

●
손수건은 우리가 몸에 지니고 일상적으로 사용하는 물건 중 가장 마음이 넉넉하고 배려심이 깊은 물건입니다. 다른 물건은 대부분 그것을 소유한 사람이 자신을 위해 사용하지만, 손수건은 종종 슬픈 일을 당해 눈물 흘리는 다른 사람을 위해 사용되곤 하기 때문입니다. 손수건은 정말 넉넉한 마음을 가졌습니다 사람의 얼굴에 맺힌 땀방울도, 눈물도, 심지어 콧물 같은 더러운 액체까지도 거부하지 않고 다 닦아 줍니다. 슬픈 마음을 포근히 감싸 줍니다. 따뜻하게 위로해 줍니다. 등 두드리며 격려해 줍니다.

15
February

인생은 매 순간이 갈림길이고 선택이지. _ 영화 〈노인을 위한 나라는 없다〉 중에서

13
November

잠시 머물러 있는 것, 기다려 주는 것,
그것은 어려운 것이 아니다.
그리고 그것은 시간을 버리는 것이 아니라,
또 다른 시간을 얻는 것이기도 하다.
삶을 즐길 수 있는 더 유익한 시간을….

_ 권미경, 《아랫목》(태동출판사) 중에서

16
February

인생은 흘러가는 것이 아니라 채워지는 것이다

인생은 흘러가는 것이 아니라
채워지는 것이다.
우리는 하루하루를 보내는 것이 아니라
내가 가진 무엇으로 채워 가는 것이다.

_존 러스킨

12
November

당신

나에게는 당신이 있다.
바로 곁에 당신이 있다.

_ 영화 〈츠레가 우울증에 걸려서〉 중에서

그런인생을 사십시오

17
February

당신이 태어났을 땐 당신이 웃었고,
당신 주위의 모든 사람이 미소를 지었습니다.
당신이 이 세상을 떠날 땐 당신 혼자 미소 짓고
당신 주위의 모든 사람이 울도록 그런 인생을 사십시오.

_김수환 추기경

11
November

기뻐하라.
오늘을 사는 기쁨은 언제 허락될까?
하루가 끝난 뒤에? 아니면 보다 먼 미래에?
당신의 기쁨과 접촉하라.
기쁨으로 당신을 가득 채워라.
기쁨을 바닥까지 실컷 맛본 사람은
신을 만지는 사람이다.

_ 안젤름 그륀, 《하루를 살아도 행복하게》(위즈덤하우스) 중에서

기뻐하라

18
February

행복은 늘 단순한 데 있다.
가을날 창호지를 바르면서 아무 방해 받지 않고
창에 오후의 햇살이 비쳐들 때 얼마나 아늑하고 좋은가.
이것이 행복의 조건이다.

_ 법정 스님, 《살아 있는 것은 다 행복하라》(조화로운삶) 중에서

사랑한다는 건

10
November

사랑한다는 건 미워하지 않는다는 의미가 아니라,
결코 미워할 수 없다는 뜻인 거야.

_드라마 〈응답하라 1988〉 중에서

•
사랑하면 왜 미워할 수 없을까요?
그것은 마치 '낮'과 '밤'이 공존할 수 없는 것과 같은 이치입니다.
낮이 가야 밤이 오고, 밤이 가야 아침이 오고, 또 낮이 찾아오는
것과 마찬가지 원리입니다.
'사랑'과 '미움'도 마찬가지입니다.
사랑하는 마음이 사라져야 미움이 깃들 수 있습니다.
미워하는 마음이 완전히 사라져야 사랑이 싹틀 수 있습니다.

19 February

보이는 것이 전부는 아니다

보여지는 것이 전부는 아니다. _ 영화 〈트랜스포머〉 중에서

●
겉으로 보이는 것이 전부가 아닙니다.
아니, 보이지 않는 곳에 더 많은 것이 감춰져 있을 수도 있습니다.
'빙산의 일각'이라는 말도 있듯이, 물 밖으로 드러난 얼음 부분보다
물속에 숨어 있는 얼음이 훨씬 큽니다. 그 눈에 보이지 않는 곳에
훨씬 더 많은 가치 있고 소중한 것이 감춰져 있습니다.
눈에 보이지 않는 가치 있는 것들을 발견하는 눈을 키워야 합니다.
심미안을 갖춰야 합니다.

좋은 만남에는 향기로운 여운이 감돌아야 한다.
그 향기로운 여운으로 인해 멀리 떨어져 있어도
함께 공존할 수 있다.
사람이 향기로운 여운을 지니려면 쉬지 않고
자신의 삶을 가꾸어야 한다.
그래야 만날 때마다 새로운 향기를
주고받을 수 있다.

_ 법정, 《아름다운 마무리》(문학의숲) 중에서

09
November

20
February

다른 건 몰라도
사랑만은 머리가 아니라 가슴입니다.

_ 이외수, 《사랑외전》(해냄) 중에서

•
머리에는 '계산기'가, 가슴에는 '화롯불'이 들어 있습니다.
사랑이 머리로 들어가면 낱낱이 계산되고 분해되어 더는 사랑이 아니게 됩니다.
사랑이 가슴으로 들어오면 '화롯불'에 데워져 더 뜨겁고 정열적이 됩니다.
그렇습니다. 사랑은 머리가 아니라 가슴으로 하는 겁니다.

08
November

모든 이야기에는 끝이 있지만
인생에서는 모든 끝이 새로운 시작을 의미한다.

_ 영화 〈타이타닉〉 중에서

모든 이야기에는 끝이 있지만

21
February

포옹에는 '사랑한다'는 의미가 담겨 있고
'당신과 함께합니다'라는 의미가 담겨 있습니다.
포옹한다는 것은 그런 말들을 대신하는 몸짓입니다.

_추은진, 《어제, 오늘 그리고 내일》(북랩) 중에서

07
November

감사하는 마음을 가지면 두려움을 모른다

감사하는 마음을 가지면 두려움을 모른다.
감사하는 마음은 빛이 어둠을 뒤덮어 버리듯 두려움을 뒤덮을 수 있다.

_보도 섀퍼 외, 《여자는 경제적 자유를 꿈꾼다》(21세기북스) 중에서

사랑하는 방법

사랑하는 방법을 알려줘서 고마워!
그리고 사랑받는 법도.

_ 영화 〈이프 온리〉 중에서

●

사랑받아 본 사람이 사랑하는 방법도 압니다.
햇볕을 넉넉히 쬔 나무가 자기 가지에 새를 키울 수 있고,
자기 그늘에 지친 나그네를 쉬어 가게 할 수 있습니다.
사랑을 잘하는 사람이 되려면 먼저 충분히 사랑받아야 합니다.
상대를 사랑 잘하는 사람으로 만들려면 먼저 그에게 넉넉히
사랑을 베풀어야 합니다.

22 | February

06
November

물질에도… 자연현상에도… 감정에도…
휘둘리지 않는 영원한 진실은
눈에 보이지 않는 거야.
눈에 보이지 않는 세계가
눈에 보이는 세계를 지탱하는 거야.

_ 영화 〈박사가 사랑한 수식〉 중에서

23
February

온 힘을 다해 그 길로 가라

너의 마음이
어느 길로 가고자 하는지
귀 기울여 들어 보아라.
그리고 온 힘을 다해 그 길로 가라.

_마르틴 부버

05
November

호타카는 잎을 억지로 따려 하지 않고 저절로 떨어질 때를 기다려 주었어요.
호타카는 '때'를 알고 있었어요. 숲의 나뭇잎이 가장 아름답게 물드는 때를!
사람의 심장이 사랑으로 물드는 때를!

_ 이누이 루카, 《숲에 소원을 빌어요》(사람과나무사이) 중에서

사람의 심장이 사랑으로 물드는 때를

●
억지로 잎을 따지 않고 스스로 무르익어 저절로 떨어지기를 기다릴 줄 아는 사람, '때'를 이해하는 사람,
숲의 나뭇잎이 가장 아름답게 물들고 사람의 심장이 사랑으로 물드는 때를 아는 사람은 아름답습니다.
때로 그가 잠시 방황하고 갈 길 몰라 헤매고 있어도 궁극적으로 염려하지 않아도 됩니다.
자신의 길을 스스로 다시 찾아가길 묵묵히 기다리면 됩니다. 마음속으로 응원해 주고 격려해 주면 됩니다.

24
February

완벽함이란

완벽함이란 통제하는 것이 아니야.
흘러가게 두는 것이기도 해.

_ 영화 〈블랙스완〉 중에서

결혼은 따뜻한 사람하고 하거라

인생은 누구나 비슷한 길을 걸어간다.
결국엔 늙어서 지난날을 추억하는 것일 뿐이다.
결혼은 따뜻한 사람하고 하거라.

_ 영화 〈어바웃 타임〉 중에서

04
November

아니오

혁신은 1,000번 '아니오'라고
말하는 데서 시작된다.

_스티브 잡스

25
February

03
November

이상하지 않아?

어렸을 땐 모두들 네 꿈을 좇으라고 하지만
정작 어른이 되어서 꿈을 좇으려 하면
못 잡아먹어서 안달이야.

_ 영화 〈이토록 뜨거운 순간〉 중에서

이상하지 않아?

•

어린아이에게만 꿈은 꿈이고 어른에게는 꿈이 아닌 게 아닙니다. 어른이 되어서도 새롭게 꿈꿀 수 있고,
그 꿈을 이루기 위해 노력할 수 있습니다. 비가 모든 사람의 머리 위에 내리듯 꿈은 사람의 나이를 따지지 않습니다.
어린아이든 어른이든, 심지어 살아갈 날이 얼마 남지 않은 노인일지라도 꿈은 꿈을 품은 사람의 가슴에 찾아옵니다.
거기서 싹을 틔우고 무럭무럭 자랍니다. 꽃을 피우고 열매를 맺습니다. 마침내 꿈이 이루어집니다.

너는 나의 태양이었다

너는 나의 태양이었다.
백야에 떠오른 태양이었다.
나의 단 하나의 구원 같은 존재였다.

_ 일드 〈백야행〉 중에서

26
February

02
November

만약에 눈이 없다고 생각해 보세요.
눈 없이 햇빛을 본다면 눈부심보다 먼저 따뜻함을 느낄 것이고,
꽃을 보면 아름다움보다 먼저 향기를 느낄 것이고,
얼굴을 보면 인상보다 먼저 마음을 느낄 겁니다.
이 세상에서 진정으로 중요한 것들은 눈에 보이지 않습니다.

_ 권대웅, 《하루》(홍익출판사) 중에서

27
February

세상에서 가장 바람직한 것은
자신에게 진실할 수 있는 자유,
즉 정직이다.

_수전 손택, 《다시 태어나다》(이후) 중에서

자신에게 진실할 수 있는 자유, 즉 정직이다

자기 자신에게 진실하지 못한 사람은 다른 사람에게도 진실하지 못합니다.
전신거울 앞에 서서 자기 자신을 마주하듯 자신과 마주하고 다른 사람을 대해야
합니다. 솔직하고, 진실하고, 정직해야 합니다.

01
November

무수한 장애물을 넘어 벽을 허물고
더 가까이 다가가 서로를 알아가고 느끼는 것,
그것이 바로 우리가 살아가는 인생의 목적이다.

_ 영화 〈월터의 상상은 현실이 된다〉 중에서

28
February

우리의 첫만남을
시작하자

꽃 이름 외우듯이
서로의 이름을 불러 주는 즐거움으로
우리의 첫 만남을 시작하자.

— 이해인, 《서로 사랑하면 언제라도 봄》(열림원) 중에서

11
NOVEMBER

365일, 날마다 내 삶을 변화시키는 한 문장
달콤한 아침 포근한 저녁

"왜 날 사랑하니…?"
"당신이니까!"

_ 영화 〈국화꽃 향기〉 중에서

●

그렇습니다. 내가 당신을 사랑하는 단 하나의 이유는
당신이 다른 사람 아닌 바로 '당신'이기 때문입니다.
당신도 내가 나라서 날 사랑하나요?

29
February

31
October

당신이 키스할 때 마음의 불이 꺼지고,
눈을 감으면 나만의 장소가 되죠!

_ 영화 〈카이로의 붉은 장미〉 중에서

03
MARCH

365일, 날마다 내 삶을 변화시키는 한 문장
달콤한 아침 포근한 저녁

30 October

항상 신중한 태도로 말하고,
경쟁관계에 있는 사람에게는 더욱 조심해서 말하라.
아무리 사소한 말도 가장 중요한 말을 하는 것처럼 하라.

_ 발타자르 그라시안, 《살아갈 날들을 위한 지혜》(끌레마) 중에서

●

사소한 일을 중하게 여기고 성심성의껏 하지 못하는 사람은 중요한 일도 중하게 여기지 못합니다. 최선을 다하지 못합니다. 전력투구하지 못합니다. 작은 씨앗을 귀하게 여길 줄 아는 사람이 큰 나무도 소중하게 생각할 줄 압니다. 사람의 말도 마찬가지입니다. 사소한 말 한마디를 깊이 생각하고 신중히 내뱉는 사람이 말로 실수하지 않고 말로 사람의 마음을 움직입니다.

아무리 사소한 말도
가장 중요한 말을 하는 것처럼 하라—

강한 힘에는 그만큼 강한 책임이 따른다

01
March

강한 힘에는 그만큼 강한 책임이 따른다.

_ 영화 〈스파이더맨〉 중에서

●

'힘'과 '책임'은 늘 붙어 다닙니다. 떼려야 뗄 수 없습니다.
동전의 양면과도 같아서 다른 한 면 없이는 완성될 수 없습니다.
어린나무에 꽃이나 열매가 없다고 하여 비난하는 사람이 없지만,
다 자란 나무가 꽃을 피우지 못하고 열매를 맺지 못하면 다들
이상하게 생각합니다. 어린아이보다 어른이 가정이나 사회에서
더 많은 책임을 갖습니다. 그만한 힘과 능력이 있기 때문입니다.
무릇 세상 이치가 다 그러합니다.

29
October

널 본 후로 담담해질 수가 없었다. _영화 〈슬로 비디오〉 중에서

연어 떼가 아름다운 것은

02
March

연어 떼가 아름다운 것은
떼를 지어 거슬러 오를 줄 알기 때문이야.

_ 안도현, 《연어》(문학동네) 중에서

28
October

사람을 사랑한다는 것은 멋진 일이고,
그 애정이 성실한 것이라면
누구도 미궁 속에 버려지는 일은 없어요.

_무라카미 하루키, 《상실의 시대》(문학과사상사) 중에서

03
March

실패에 대한 두려움으로 게임을 끝내지 말지어다.

_ 애니메이션 영화 〈신데렐라〉 중에서

●

두려움은 '겨울 추위'와 같습니다. 모든 것을 꽁꽁 얼려 놓고, 부드러운 것을 딱딱하게 만들어 버립니다.
두려움에 젖으면 용맹한 호랑이도 겁 많은 고양이가 되고, 힘센 어른도 나약한 어린아이가 됩니다.
힘센 사람이 약해지고, 유능한 사람이 무능해지고, 재기발랄한 사람이 지루하고 따분한 사람이 됩니다.
당신의 강함과 유능함과 재기발랄함을 잃고 싶지 않다면 두려움부터 몰아내세요.

27
October

당신의 이름을 부르면,
나는 없어집니다.
말을 하면 없어지는 것,
그것은 침묵이지요.
_ 영화 〈인생은 아름다워〉 중에서

당신의 이름을 부르다가 내가 사라져도 좋을 만큼
당신을 사랑합니다!

그것은 침묵이지요

04 March

사랑하기 때문에 사랑하는 것이지

꽃은 피어나야 하기 때문에 피는 것이지
예쁘게 보이기 위해 피는 것은 아니다.
사랑하기 때문에 사랑하는 것이지
되돌려 받기를 기대하면서 사랑하는 것은 아니다.

_ 레오 버스카글리아

26
October

삶은 지나간 과거에 있지도 않고
다가올 미래에 있지도 않다.
지금 이 순간 여기서 내가 느끼고
생각하고 체험하는 바로 그것을
삶이라 부르는 것이다.

_ 김별아, 《이 또한 지나가리라!》(에코의서재) 중에서

05
March

동화는 현실이 될 수 있어.
네가 그렇게 되도록 만들어야 해.
모든 것은 나에게 달려 있어!
_애니메이션 영화 〈공주와 개구리〉 중에서

25
October

너희는 강하다

마음으로 지지 마라. 너희는 강하다! — 영화 〈올보 권투부〉 중에서

06
March

개미들은 환경을 파괴하지 않고,
오히려 땅속에 공기가 통하게 하고
꽃가루가 널리 퍼져 나가게 하는 데 기여한다.
개미들은 저희끼리 서로 방해하지 않고
지구와 완벽한 조화를 이루면서 살아간다.

_ 베르나르 베르베르, 《상상력 사전》(열린책들) 중에서

지구와 완벽한 조화

24
October

그대여 손을 흔들지 마라.
너는 눈부시지만 나는 눈물겹다.

_ 이정하, 《너는 눈부시지만 나는 눈물겹다》(푸른숲) 중에서

●
당신은 내게 귀하고 소중한 사람입니다. 당신은 눈이 부십니다.
마치 해가 너무도 눈이 부셔 똑바로 바라보기 어렵듯 당신도 그러합니다.
당신을 오래 보고 있으면 나는 눈이 부십니다.
눈이 부시다가, 눈물이 납니다. 그럴 때면 나는 조용히 눈을 감습니다.
그래도 당신은 여전히 눈이 부십니다.
창을 닫아도 해의 환한 기운이 느껴지듯 당신은 여전히 내 마음을 환히 비춥니다.

07
March

자신이 진심으로 원하는 게 있다면
무엇을 대가로 지불해야 할지 미리 생각해야 한다.

_ 영화 〈이웃집 남자〉 중에서

23
October

우연히 마음을 빼앗긴 순간부터
내 눈에 오직 한 사람만 보여요!

_ 영화 〈알라딘〉 중에서

사랑
대수롭지 않은
안부 한마디에도 가슴 뭉클해지는 것.

_ 이외수, 《자뺑은 나의 힘》(해냄) 중에서

08
March

사랑

22
October

매사 활기차고 희망차게 생각하는 사람은
틀림없이 인생에서 최선을 다하게 된다.
생각이란 비슷한 결과를 생산하기 마련이다.
침울하게 생각하는 사람은 침울한 결과를 얻게 되고,
희망적으로 생각하는 사람은 건설적인 결과를
끌어들이는 경향이 있다.

_노먼 빈센트 필, 《믿는 만큼 이루어진다》(21세기북스) 중에서

09
March

연애라는
게임에서는 항상
덜 사랑하는 쪽이 유리하다.

_ 드라마 〈소울메이트〉 중에서

●

연인과의 관계에서는 '연연해 하는' 사람이 불리할 수밖에 없습니다.
왜 그럴까요? '연연하다'는 순우리말로 '미련을 두다'라는 의미입니다.
자기 안에 자꾸 미련을 〈담아〉 두니까 미련해지고, 미련해지니까 질 수밖에 없는 겁니다.
사랑이라는 게임에서 이기려면 영리해야 합니다. 쿨해야 합니다.

연애
게임

21
October

이어폰만 얽히겠냐?
사람의 정이라는 것도 천 갈래 얽히는 것이다.

_ 영화 〈좋지 아니한가〉 중에서

•

세상의 그 어떤 굵고 복잡한 전선도 사람의
'정(情)'만큼 복잡하지는 않습니다. 사람 사이의
관계, 감정, 정은 그야말로 천 갈래 만 갈래로
나뉘어 서로 얽히고설키기 쉽습니다. 그 얽히고설킨
정을 적절히 풀어 주고, 끊어진 곳을 이어 가며
소통하고 관계를 이어 가는 것이 우리의 삶입니다.

10
March

인생을 살면서 맞닥뜨리게 되는 곡선주로(走路)는 어쩌면 우리에게 삶을 살피고 다시 생각해 보라고 만들어 둔 완행구간인지도 모릅니다.

_ 유영만·고두현, 《곡선이 이긴다》(리더스북) 중에서

20
October

우리에게 필요한 것은
'지치지 않고 사랑하는 것'입니다.
_마더 테레사

지치지 않고 사랑하는 것

11
March

매일 눈을 떴을 때 너를 볼 수 있길 바라! _ 영화 〈첨밀밀〉 중에서

19
October

사랑은 어떻게 쓰는 게야?

피글렛, 사랑은 어떻게 쓰는 거야?
사랑은 쓰는 게 아니야. 느끼는 거지.

_애니메이션 영화 〈곰돌이 푸〉 중에서

12
March

바로 사랑입니다

그대의 영혼을 완벽하게 만드는 것은….
바로 사랑입니다.

_ 영화 〈더 리더: 책 읽어주는 남자〉 중에서

18
October

세상에서 가장 어려운 일은
사람이 사람의 마음을 얻는 일이란다.
_생텍쥐페리, 《어린 왕자》 중에서

세상에서 가장 어려운 일

네 잘못이 아니야!

13 March

네 잘못이 아니야! _ 영화 〈굿 윌 헌팅〉 중에서

인생을 살면서 우리가 좀 더 많이 해야 하는 말들. '고맙습니다', '사랑합니다', '괜찮습니다', '용서합니다'… 그리고 하나 더, '네 잘못이 아니야!'
우리는 자주 상대에게 너무 엄격하고 관대하지 못합니다. '너 때문이야', '네 잘못이야', '네가 일을 다 망쳐놨어'라고 비난하며 상처를 줍니다.
이제, 생각을 바꿔 연인에게, 친구에게, 남편이나 아내에게, 자식에게, 직장 동료에게 이렇게 말해 보세요. '네 잘못이 아니야', '당신 잘못이 아니에요'라고.

17
October

길이 너무 없다고
실없이 끝나 버린다고
허탈해할 필요는 없어.
방향만 바꾸면
여기가 또 출발이잖아.

- 영화 〈가을로〉 중에서

방향만 바꾸면
여기가 또 출발이잖아

시작이 시작이 아닐 수 있고, 끝이 끝이 아닐 수 있습니다.
시작이 끝이 될 수도 있고, 끝이 시작이 될 수도 있습니다.
겨울의 끝이 봄의 시작이기도 하듯 우리 인생도 마찬가지입니다.
길이 끝난 곳에서 새로운 길이 시작되듯
절망의 끝자락에서 희망이 시작될 수도 있습니다.

14
March

당신과 함께 있을 거야

"하루밖에 못 산다면 무엇을 하고 싶어?"
"지금처럼. 아무것도 하지 않으면서
당신과 함께 있을 거야."

_ 영화 〈이프 온리〉 중에서

•
당신과 함께하는 하루는 당신이 없는 백 날보다 천 날보다 더 값지고 소중합니다.
당신이 함께하기에 나의 하루하루가, 일 분 일 초가 의미 있고 행복합니다.
사랑하는 당신, 언제까지나 내 곁에 머물러 줘요.

16
October

행복해지기는 간단하다.
다만 간단해지기가 어려울 뿐.

_ 에카르트 폰 히르슈하우젠, 《행복은 혼자 오지 않는다》(은행나무) 중에서

15
March

당신을…
지금 만나러 갑니다!

나는 몇 번 다시 태어나도 반드시
같은 길을 선택합니다.
나의 행복은 당신과 사는 것,
그러니까 당신을….
지금, 만나러 갑니다!

_ 영화 〈지금 만나러 갑니다〉 중에서

"우린 아직 다 미생이야." _ 드라마 〈미생〉 중에서

●
'미생'이기 때문에 인생은 오히려 살 만한 겁니다.
'완생'이면 이미 완벽하므로 더 노력할 필요도 없고,
잔이 이미 가득 찼으므로 더 채우려고 애쓸 필요도 없으니까요.
마치 초승달이 반달을 꿈꾸고 보름달을 지향하며 꾸준히 크기를 키우고
밝기를 더해 가듯 '완생'을 꿈꾸며 끊임없이 노력하고 분투하며 나아가는 삶,
그것이 바로 '미생'의 아름다운 삶입니다.

15
October

14
October

믿음은 오로지 사람들이 믿기 때문에 존재한다.
기적이, 설명이 불가능함에도
그것을 믿는 사람들에게 일어나는 것처럼….

_ 파울로 코엘료, 《브리다》(문학동네) 중에서

•

믿음은 땅에 떨어진 '씨앗'과 같습니다. 작고 볼품없어 보이는 씨앗이 마침내 큰 나무로 자랄 것을 의심하지 않는 사람에게 그 가능성을 현실로 보여 주듯, 믿음도 그러합니다. 씨앗에 열심히 물을 주고, 바람이 통하게 해 주며, 씨앗에서 싹이 트고, 잎과 가지가 자라고, 꽃과 열매를 맺을 것을 의심하지 않습니다.

16
March

"미처 예상치 못한 멋진 일들이 일어나는 순간은
바로 우리가 계획한 것들이 '잘못'되고 있을 때야."

_ 샬롯 리드, 《우주는 네가 시작하기만 기다리고 있어》(샨티) 중에서

13
October

단맛도 단맛이라고 느낄 수 없지

쓴맛을 모른다면
단맛도 단맛이라고 느낄 수 없지.

_ 영화 〈바닐라 스카이〉 중에서

17
March

기적이 숨어있다

작은 감사 속에는
더 큰 감사를 만들어 내는 기적이 숨어 있다.

_ 전광, 《평생 감사》(생명의말씀사) 중에서

작고 보잘것없는 '씨앗' 안에 '큰 나무'로 자랄 잠재력이
숨어있듯 작은 것 안에 큰 것이, 하찮아 보이는 것 안에
진귀한 것이 숨어 있습니다. 작은 씨앗이 물과 양분을
빨아들여 싹을 틔우고, 잎과 가지를 키우고, 큰 나무로
자라 꽃을 피우고 열매 맺듯 작은 감사가 발전하여 더 큰
감사를 만들고, 우리 삶에 기적을 일으킵니다.

18 March

인생의 의미를 묻기 전에
인생을 사는 '나 자신의 의미'에 대해
진지하게 물어보라.

_빅터 프랭클

12
October

무지개

'무지개' 하면 떠오르는 일화가
누구에게나 하나쯤 있을 게다.
만일 없다면 그는 불쌍한 사람이다.
무지개를 처음 보았을 때의 흥분과
경이로움을 기억한다면,
그의 가슴은 영원한 젊음을 유지하리라.

_ 최영미, 《내가 사랑하는 시》(해냄) 중에서

19
March

이 위에 선 이유는
사물을 다른 각도에서 보려는 거야.
이 위에서 보면 세상이 무척
다르게 보인단 말이지.

_ 영화 〈죽은 시인의 사회〉 중에서

●

평지에서 보는 풍경과 산 정상에서
보는 풍경은 완전히 다릅니다.
같은 곳을 보아도 전혀 다른 것이 보일 수 있습니다.
느낌도 다릅니다. 높은 곳에서 보면
평지에서 볼 때보다 훨씬 멀리 볼 수 있습니다.
시야가 넓어집니다. 인생도 그러합니다.
멀리 보려면 생각을 높이고 뜻을 높여야 합니다.
그러나 마음은 낮춰야 합니다. 겸손해야 합니다.

이 위에서 보면
세상이 무척 다르게 보인단 말이지

11
October

사랑 받아 본 사람만이 사랑할 수 있고
용서 받아 본 사람만이 용서할 수 있다는 걸…
알았습니다.

_ 영화 〈우리들의 행복한 시간〉 중에서

●

인간관계 불변의 법칙 하나. 바로 '상호성의 법칙' 입니다.
모든 것은 궁극적으로 '기브 앤드 테이크' 지요.
주지 않고 얻을 수 있는 건 없습니다.
어쩌다 한두 번은 가능하겠지만, 지속해서는 불가능합니다.
무릇 누군가에게 무언가를 얻고자 한다면 먼저 그에게 주십시오.
누군가에게 사랑받고자 한다면 먼저 사랑을 베푸십시오.
베풀되, 아낌없이 베푸십시오.

아침 30분의 습관

March

무슨 거창한 계획이 아니라
아침 30분의 습관만으로도
인생의 기적을 만들 수 있다.

_ 아널드 베넷, 《아침 5분, 차 한잔의 성공 수첩》(한스앤리퍼블리싱) 중에서

●
큰 것, 많은 것, 강한 것이 기적을 만드는 게 아닙니다.
작고 적은 것, 약한 것이 기적을 만듭니다.
한꺼번에 많은 시간을 쏟아 부은 일이 기적을 만드는 게 아닙니다.
적은 시간이나마 매일매일 꾸준히 해 온 일이 성과를 만듭니다.
낙숫물이 바위를 뚫는 기적을 일으킵니다.

10
October

항상 오늘만을 위해 일하는 습관을 길러라.
내일은 저 혼자 찾아온다.
그와 더불어 내일의 새로운 힘도
다시 찾아올 것이다.

_카를 힐티

21
March

강은 알고 있어.
서두르지 않아도 언젠가는 도착하게 되리란 것을.

— 애니메이션 영화 〈곰돌이 푸〉 중에서

09
October

크림통에 생쥐 두 마리가 빠졌다.
한 마리 생쥐는 포기하여 바로 빠져 죽고,
다른 한 마리는 포기하지 않고 열심히 크림을 휘저어
버터를 만든 뒤 빠져나왔다.

_ 영화 〈캐치 미 이프 유 캔〉 중에서

넘어지면 넘어진 것이 나고, 성질내면 성질내는 것이 나입니다. _ 법륜, 《법륜스님의 행복》(나무의마음) 중에서

행복이란

08
October

행복이란
하늘이 파랗다는 걸 발견하는 것만큼이나
쉬운 일이다.

_요슈타인 가아더

하늘이 파랗다는 걸 어떻게 알 수 있나요? 맞습니다.
고개를 들어 하늘을 바라보면 됩니다.
파란 하늘은 바로 저 위에, 당신의 눈앞에 펼쳐져 있으니까요.
행복도 마찬가지입니다.
고개를 들어 파란 하늘을 쳐다보듯 단순한 행위와
노력만으로도 행복을 얻을 수 있습니다. 그냥 붙잡는 겁니다.
어린아이가 좋아하는 장난감을 붙잡듯, 젊은 여성이 자신이
좋아하는 핸드백을 붙잡듯 꽉 붙잡으면 되는 겁니다.

23
March

사랑을 하고 그리고 했다면

사랑을 하고 그리고 했다면
이미 충만한 삶을 살았고 살고 있는 거야.
5분을 살든 50년을 더 살든.

_ 영화 〈이프 온리〉 중에서

●
우리는 세상의 많은 것을 '양'으로 평가합니다.
그러나 사랑만은 '양'이 아닌 '질'로 평가해야 합니다.
진실로 사랑했다면, 사랑하는 사람과 충만한 시간을 보냈다면,
그 시간이 5분이나 50년이나는 중요하지 않습니다.

07
October

내 생애 최고의 날이 언젠지 알아?

내 생애 최고의 날이 언젠지 알아?
내가 너희 집 골목에 들어서서 네 집 문을 두드려도
네가 없을 때야.
안녕이란 말도, 작별의 말도 없이
네가 떠났을 때라고.
적어도 그 순간만은 행복할 거야!

_ 영화 〈굿 윌 헌팅〉 중에서

24
March

손을 꼭 쥐면 그 속엔 아무것도 없지만,
손바닥을 펴면 온 세상이 그 안에 있다.

_ 영화 〈와호장룡〉 중에서

06
October

희망이란 본래 있다고도 할 수 없고 없다고도 할 수 없다.
그것은 마치 땅 위의 길과 같은 것이다.
본래 땅 위에는 길이 없었다.
한 사람이 먼저 가고 걸어가는 사람이 많아지면
그것이 곧 길이 되는 것이다.

_ 루쉰 외, 《고향》(정산미디어) 중에서

그것이 곧 길이 되는 것이다

희망은 '길'과 같습니다.
그래서 우리는 도저히 해결책이 안 보이고
절망적인 상황일 때 이렇게 말합니다.
"길이 안 보여!"라고.
누군가가 이미 만들고 닦아 놓은 길을 걸을 수도 있지만,
땅 위에 없던 길을 내가 만들 수도 있습니다.
희망도 그렇습니다.
다른 누군가가 내게 길을 보여 주고,
희망을 불어넣어 줄 수도 있지만,
내가 마치 길을 만들 듯 희망을 만들 수도 있습니다.
도저히 앞으로 나아갈 수 없을 같던 곳에 길이 생기듯,
깜깜한 터널 안에 있듯 캄캄하고 절망적인 상황에서
희망의 불빛이 보이기 시작합니다.

25
March

좋은 사람 많아요.
나를 힘들게만 하는 사람과
시간 낭비하지 마세요.

_ 신준모, 《어떤 하루》(프롬북스) 중에서

05 | October

이게 바로 너와 나의 차이점이다.
난 나의 운명을 절대 남의 손에 맡기지 않아.
그게 내가 항상 승리하는 이유이고
네가 항상 패배하는 이유이지.

_드라마 〈가십걸〉 중에서

26
March

사랑은 몰래 온 손님이라더니, 내쫓을 수도 없고.
도대체 나이를 얼마나 먹어야
이딴 사랑 타령을 안 하게 될까요?

_ 영화 〈스물〉 중에서

04
October

우리의 얼굴을 보라.
좌우 양쪽에 귀가 둘 있다.
이쪽 이야기도 듣고,
저쪽 이야기도 들으라는 것이다.
우리는 나를 즐겁게 하는 칭찬의 소리만 들어서는 안 된다.
나를 냉엄하게 비판하는 충고의 소리에
더욱 귀를 기울여야 한다.

_ 안병욱, 《때를 알아라》(자유문학사) 중에서

27
March

내일의 성공은
오늘 어떤 준비를 하느냐에 따라 결정된다.

_호아 킴 데 포사다 · 엘런 싱어, 《마시멜로 이야기》(21세기북스) 중에서

내일의 성공

# 기침 가난 사랑

사람에겐 숨길 수 없는 게 세 가지 있는데,
그건 바로 기침과 가난과 사랑이래요.

_영화 〈시월애〉 중에서

03
October

28
March

모든 것이 불리하게 돌아가지만,
난 사람들의 마음은 아직까지 선한 것이라고 믿고 있다.

_ 영화 〈안네의 일기〉 중에서

●

바닷물에는 '3% 소금'이 함유되어 있다고 합니다. 바다가 아무리 시간이 오래 지나도 썩지 않는 건 바로 그 '3% 소금' 때문입니다. 갈수록 세상이 험악해지지만, 사람들의 마음이 강퍅해지지만 그래도 아직은 세상이 살 만한 건 그 3% 소금과도 같은 사람들의 '선한 마음'이 남아 있기 때문입니다.

02 October

단 한 번의 행동으로

천 번의 기도보다
단 한 번의 행동으로
단 한 사람에게라도
기쁨을 주는 일이 훨씬 낫다.

_마하트마 간디

29
March

녹슨 수저는 닦아야 반짝거리고
흐린 거울은 씻어야 맑아집니다.
재능과 감성도 마찬가집니다.
닦지도 않고 씻지도 않으면
녹이 슬거나 흐려집니다.

_ 이외수, 《자뻑은 나의 힘》(해냄) 중에서

재능과 감성

사랑에 빠지면 미치게 돼

01
October

사랑에 빠지면 미치게 돼.
사회에서 허용하는 유일한 미친 짓이지.

_ 영화 〈그녀〉 중에서

남들이 싫어한다고 자기가 좋아하는 걸
숨기고 사는 것도 바보 같다고 생각해요.

_ 영화 〈족구왕〉 중에서

30
March

10
OCTOBER

365일, 날마다 내 삶을 변화시키는 한 문장
달콤한 아침 포근한 저녁

31
March

참 신기하지.
마음속의 사랑은 영원히 간직해서
가져갈 수 있으니까 말야.

_ 영화 〈사랑과 영혼〉 중에서

세상의 모든 생명은 언젠가 죽습니다. 세상의
모든 사물은 언젠가 사라집니다. 그러나 아무리
오랜 시간이 지나도 죽지도 사라지지도 않는 것이
있습니다. 사랑입니다! 진주조개가 제 살 속에
진주를 키우듯 당신의 가슴속에 사랑을 키우세요.
영원히 죽지도 사라지지도 않을 사랑에 열정과
에너지를 쏟아 부으세요.

삶이란 언제나 뜻대로 되는 것은 아니다. _ 영화 〈로마의 휴일〉 중에서

30
September

●
삶은 축구공이나 농구공, 야구공보다는 '럭비공'을 닮았습니다.
축구공이나 농구공은 대체로 내가 의도한 방향으로 나아갑니다.
럭비공은 그렇지 않습니다. 어디로 튈지, 어느 방향으로 나아갈지
알 수가 없습니다. 우리네 삶도 그렇습니다.
마치 럭비공처럼, 매일매일, 그리고 매 순간순간 어떤 일이
벌어질지, 어떤 방향으로 나아갈지 예측할 수 없습니다. 럭비가
그 예측 불가능성 때문에 흥미진진하듯 우리 인생도 그렇습니다.
자로 잰 듯 의도한 대로 진행되지 않지만, 그 예측 불가능성 때문에
인생이 더욱 생동감 있고 즐거울 수 있는 겁니다.

04
APRIL

365일, 날마다 내 삶을 변화시키는 한 문장
달콤한 아침 포근한 저녁

29
September

아마도 숲이 사람을 새롭게 해 줄 수 있는 까닭은
숲에 가지 않더라도 사람들의 마음속에서
이미 숲이 숨쉬고 있기 때문일 것이다.

_ 김훈, 《자전거여행 1》(문학동네) 중에서

지금부터라도 나는 내 생을 유심히 관찰하면서 살아갈 것이다.
되어 가는 대로 놓아두지 않고
적절한 순간, 내 삶의 방향키를 과감하게 돌릴 것이다.
인생은 그냥 받아들이는 것이 아니라
전 생애를 걸고라도 탐구하면서 살아야 하는 무엇이다.

_ 양귀자, 《모순》(쓰다) 중에서

●

충만한 인생은 '관찰'에서부터 시작됩니다.
관찰이란 '사물이나 현상을 주의하여
자세히 살펴보는 행위'입니다.
무심히 보고 스쳐 지나가는 것이 아니라
특별한 관심을 두고 사물이나 현상을 유심히,
지속해서 살펴보는 걸 말합니다.
사물이나 현상에 대해서만이 아닙니다.
우리 인생에 대해서도 '관찰'이 필요합니다.
한눈팔지 않고, 지대한 관심을 두고,
지속해서 유심히 살펴보아야 합니다.
그렇게 할 때만이 내 삶을 원하는 방향으로
이끌고 나갈 힘이 생깁니다.
삶의 방향키가 내 손에 쥐어집니다.

28
September

용기란 무서움을 모르는 게 아니다.
무서움보다 더 중요한 결정을 내리는 것이다.

_ 영화 〈프린세스 다이어리〉 중에서

•

용기가 진정 귀하고 아름다운 건 두렵지 않기 때문이 아닙니다.
죽을 것처럼 두렵고 차마 맞설 용기가 나지 않지만
마음을 다잡고, 주먹 불끈 쥐고, 입술 깨물며 내는 용기이기 때문에 아름답고 귀한 겁니다.
당신도 진정 용기 있는 사람이 되어 보세요.

02
April

가끔 라디오에서 좋은 노래가 나올 때가 있어.
노래를 듣고 나선 들은 것만으로 행복해지기도 해.
만약 평생 동안 듣고 싶은 노래가 있다면,
넌 그런 노래일 거야.

_ 영화 〈유 콜 잇 러브〉 중에서

27
September

마라톤

인생은 종종 마라톤에 비유된다.
특히 인내와 끈기를 가지고
결승점까지 달려야 한다는 점에서 비슷하다.
그러나 마라톤과 분명히 다른 점이 있다.
인생에서는 1등이 딱 한 사람은 아니라는 점이다.
인생에서는 누구나 1등이 될 수 있다.

_ 김영식, 《10미터만 더 뛰어봐!》(21세기북스) 중에서

03
April

더욱 더 깊이 사랑하게 만듭니다

사람이 가장 아름다운 순간이 있습니다.
어떤 일에 몰입하여 신바람을 일으킬 때입니다.
그 모습은 아름다움을 넘어 경외감을 갖게 하고
더욱더 깊이 사랑하게 만듭니다.

_ 구본형, 《일상의 황홀》(을유문화사) 중에서

26
September

내 기분은 내가 정해.
오늘 나는 '행복'으로 할래.
나는 어제로 돌아갈 수 없어.
왜냐하면 나는 그때와 다른 사람이거든.

— 애니메이션 영화 〈이상한 나라의 앨리스〉 중에서

04
April

내 옆에
아무도
의지할 사람이
없다는 것이다

사실, 살면서 우리가 두려운 건
힘든 순간과 맞닥뜨렸을 때보다
문득 돌아봤을 때
내 옆에 아무도 의지할 사람이 없다는 것이다.

_드라마 〈달자의 봄〉 중에서

단언하건대, 혼자 힘으로 세상을 살아갈 수 있는 사람은 없습니다. 소로처럼 숲 속에 오두막집 짓고 혼자 산다고 '혼자 힘'으로 사는 게 아닙니다. 언제 어느 곳에 발을 디디고 살든 우리는 누군가가 씨 뿌린 나무에서 자란 열매를 먹고, 누군가가 파놓은 샘에서 물을 떠 마시고, 누군가가 닦아 놓은 길을 걷게 됩니다. 우리는 모두 서로 도움을 주고받으며 살 수밖에 없는 존재입니다.

25
September

근심이 생겨
너한테 털어놓을 말을
머릿속으로 굴리기만 해도
근심의 반은 사라지고 만다.

_ 박완서, 《호미》(열림원) 중에서

근심의 반은 사라지고 만다

●

따스한 봄 햇살이 겨우내 꽁꽁 얼어붙었던 대지를 녹이고, 눈과 얼음을 녹이듯
당신은 내 마음속 대지를 녹이고, 얼음과 눈을 녹입니다. 불안을 녹이고 근심을 녹입니다.
당신은 겨울 대지와도 같은 내 마음에 찾아오는 따스한 봄 햇살 같은 사람입니다.

05
April

이 작은 씨앗 안에
저렇게 큰 나무가 될 수 있는
모든 게 갖춰져 있단다.
단지 시간이 좀 더 걸릴 뿐이야.

_ 애니메이션 영화 〈벅스라이프〉 중에서

단지 시간이 좀 더 걸릴 뿐이야

이 세상에서 가장 큰 기적이 무언지 아시나요? 바다가 갈라지고, 평지에 갑자기 산이 솟아나는 거창한 일이 아닙니다. 땅에 떨어진 씨앗에 싹이 트고 자라는 일, 잎과 가지가 무럭무럭 자라 아름드리나무로 커 가는 일, 가지마다 꽃을 피우고, 꽃이 진 자리마다 열매를 맺는 일. 세상에 이보다 극적이고 감동적인 기적은 없습니다.
나무의 탄생과 성장, 그리고 생애는 그래서 더 아름답습니다. 우리 인생도 나무의 생애처럼 감동적이면 좋겠습니다.

24
September

인생이 훨씬 더 힘들지

토토, 인생은 네가 본 영화와는 달라.
인생이 훨씬 더 힘들지.

_ 영화 〈시네마 천국〉 중에서

06
April

꿈을 이루지 못하게 하는 것은 오직 하나,
실패할지도 모른다는 두려움일세.

_ 파울로 코엘료, 《연금술사》(문학동네) 중에서

실패할지도 모른다는 두려움일세

희망

23
September

희망은 아주 거짓말쟁이기는 하지만
우리를 즐거운 오솔길을 지나
인생의 종착역까지 데려다 준다.

_프랑수아 드 라 로슈푸코

07
April

너와 나 사이의 공간에 있을 거야!

만약에 신이 있다면 너와 내 안에 없어.
너와 나 사이의 공간에 있을 거야!

_ 영화 〈비포 선라이즈〉 중에서

"자기 혼자 빛나는 별은 없어.
별은 모두 다 빛을 받아서 반사하는 거야."

_ 영화 〈라디오스타〉 중에서

22
September

나는 당신을 '별'이 되게 하고 싶습니다.
깜깜한 밤, 주위를 환하게 밝혀 주고, 길 잃은 사람에게
희망을 불어 넣어 주는 별이 되게 하고 싶습니다.
아니, 당신은 이미 '별' 입니다.
깜깜한 내 마음을 환히 밝혀 주고, 내게 희망을 주는 별입니다.
내 마음에 당신이라는 별이 있기에 내 마음은 어둡지 않습니다.
내 삶은 절망적이지 않습니다.

08
April

삶 속에서 가장 중요한 것은 시간이다

삶 속에서 가장 중요한 것은 시간이다.
왜냐하면 삶을 이루고 있는 것이
바로 시간이기 때문이다.

_ 다닐 알렉산드로비치 그라닌, 《시간을 정복한 남자, 류비셰프》(황소자리) 중에서

21
September

여행을 떠날 때는 따로 책을 들고 갈 필요가 없었다.
세상이 곧 책이었다.
기차 안이 소설책이고,
버스 지붕과 들판과 외딴 마을은 시집이었다.
책장을 넘기면 언제나 새로운 길이 나타났다.

_ 류시화, 《지구별 여행자》(김영사) 중에서

세상이 곧 책이었다

슬픔에는 처방전이 없어

09 April

슬픔에는 처방전이 없어. _ 영화 〈엘리노어 릭비: 그 남자 그 여자〉 중에서

슬픔은 '감기'와 비슷합니다. 감기에 걸리면 우리는 병원을 찾아가 검진하고, 주사를 맞고, 약을 타다 먹지만 결국 감기를 고치는 건 주사나 약이 아닙니다. '휴식'이 감기를 치료합니다. 아무리 독한 감기도 충분한 휴식을 취하면 물러갑니다. 몸에 면역력이 생깁니다. 아픈 만큼 성숙해진다고, 마음도 단단해집니다. 슬픔도 그렇습니다. 감기처럼, 어떤 특효약이나 특별한 치료수단을 써서 슬픔을 치유하는 게 아닙니다. 충분히 쉬면서, 고인 물을 흘려보내듯 상한 마음을 자꾸 흘려보내야 합니다.

20
September

사람이 나이가 들어 꿈꾸기를 멈추는 것이 아닙니다.
꿈꾸기를 멈추는 순간부터 나이가 드는 겁니다.
그러니 끊임없이 꿈에 투자하십시오.

_ 덱스터 예거 외, 《끝없는 추구》(나라) 중에서

10
April

다른 사람에게는 결코 열어 주지 않는 문을
당신에게만 열어 주는 사람이 있다면
그 사람이야말로 당신의 진정한 친구이다.

_생텍쥐페리, 《어린 왕자》 중에서

오늘을 살자

19 September

오늘을 살자.
어제도 내일도 아닌 오늘.
지금 이 순간 행복하지 않다면
세상 어느 곳에서도 마찬가지일 것이다.

_ 영화 〈극적인 하룻밤〉 중에서

●

'내일'의 행복을 위해, 10년 후나 20년 후의 행복을 위해 오늘의,
지금 이 순간의 행복을 포기하는 사람이 많습니다. 이는 어리석은 일입니다.
오늘 행복하지 않은 사람이 내일 행복하기는 어렵습니다.
지금 이 순간, 적극적으로 행복을 찾고 누리지 못하는 사람이
10년 후, 20년 후 행복해지기는 거의 불가능합니다.
행복은 자전거 타는 일과 같아서 쉬지 않고 그 페달을 밟아야 앞으로 나아갑니다.
넘어지지 않고 목적지에 도달할 수 있습니다.

11
April

우리 얘기를 글로 써.
그럼 우리는 영원히 함께인 거야.

_ 영화 〈물랑루즈〉 중에서

●
글은 신기한 힘을 가지고 있습니다. 글로 기록되는 순간, 태초에 신이 아담의 코에 생기를 불어넣어 생명을
탄생시키듯 생명력이 생깁니다. 글을 쓰는 주체와 그 글의 대상이 보이지 않는 어떤 끈으로 묶여 하나가 됩니다.
글은 죽은 역사에도 생기를 불어넣어 생명력을 지니게 합니다. 불멸의 고전 사마천의 『사기』가 그렇고,
헤로도토스의 『역사』가 그렇고, 『조선왕조실록』이 그렇습니다. 글로 기록되는 순간 오래 지나 화석처럼 묻혀 있던
시간이, 그리고 사건이 '역사'가 되어 21세기 현대를 살아가는 우리와 보이지 않는 끈으로 묶여 하나가 됩니다.

18
September

인간은 태어날 때 아무 상처 없이 태어나.
살아가면서 많은 상처를 받게 되지.
누구나 상처받을 수밖에 없는데,
상처받는 데 저항하는 거야.

영화 〈도쿄타워〉 중에서

12
April

인생에서 중요한 것

수많은 아픔을 통해 우린 이제야 비로소
인생에서 중요한 것은 속도가 아니라 방향임을,
성공이 아니라 의미임을 깨닫기 시작했다.

_ 한홍, 《시간의 마스터》(비전과리더십) 중에서

17
September

누군가를 사랑하고 있을 때,
사랑하는 사람과 함께 보는 세상은 이전과는 다릅니다.
이른 봄에 피어나는 꽃들이 이렇게 키가 작았었나,
여름날의 밤하늘에 이토록 별이 많았었나,
떨어져 뒹구는 나뭇잎들이 이처럼 고운 빛깔이었나,
한겨울 가로등 불이 이렇게 따스한 주황빛이었나,
익숙했던 모든 풍경들이, 새삼 감탄하는 경우가
얼마나 많아지는지요.

_ 영화 〈연애소설〉 중에서

13
April

태양이 높이 뜨면 그림자는 사라지는 법이에요

태양이 높이 뜨면 그림자는 사라지는 법이에요. _ 영화 〈백야행〉 중에서

16
September

평화 행복 기쁨

평화는 상대방이 내 뜻대로
되어지길 바라는 마음을 그만둘 때이며
행복은 그러한 마음이 위로 받을 때이며
기쁨은 비워진 두 마음이 부딪힐 때이다.

_ 황대권, 《야생초 편지》(도솔) 중에서

14
April

열심히 마음 주다가 상처 받는 거

열심히 마음 주다가 상처 받는 거
그거 창피한 거 아니야.
정말로 진심을 다하는 사람은
상처도 많이 받지만 극복도 잘하는 법이야.

_공지영, 《우리들의 행복한 시간》(해냄) 중에서

한 권의 책은

한 권의 책은 우리 안의 바다를
깨부수는 도끼여야 한다.

_프란츠 카프카

15
April

난 비록 죽으면 쉽게 잊힐 평범한 사람일지라도
영혼을 바쳐 평생 한 여자를 사랑했으니
내 인생은 성공한 인생입니다.

_ 영화 〈노트북〉 중에서

●
바퀴벌레가 밝은 곳을 싫어하듯 '실패'는 '사랑'을 두려워하여 가까이 오지 않습니다.
실패는 어두운 곳을 좋아하고 밝은 곳을 싫어하는데, 사랑은 꺼지지 않는 램프와도 같아서
그 안에 환한 불빛이 늘 주위를 밝히고 있기 때문입니다. 그러니 사랑하고, 또 사랑하세요.
사랑하는 동안 당신에게 '실패'란 두 글자는 얼씬도 하지 못할 테니까요.

지금 걸려 넘어진 그 자리가
당신의 전환점이다.

_에릭 시노웨이·메릴 미도우, 《하워드의 선물》(위즈덤하우스) 중에서

16
April

17
April

'꿈이 있는 삶'을 물에 비유하자면, '옹달샘'이나 '시냇물'과 같습니다. 옹달샘은 한 평도 못 되지만 바다의 근원이 되며, 한두 발짝이면 건널 정도로 좁지만 시냇물이 되고 강이 되어 마침내 바다로 흘러갑니다. '모든 것을 가진 삶'은 '거대한 호수'와 같습니다. 이미 꽉 차서 한 바가지의 물도 더 받아들일 여유가 없고, 자기 안의 물을 흘려보내기도 꺼립니다. 그래서 결국 썩기 쉽습니다.

꿈이 있는 삶이 모든 것을 가진 삶보다 아름답다. _ 영화 〈웨이스트 랜드〉 중에서

12
September

그냥 사랑하면 되지

"아저씨, 달랑 사랑만 갖고 사랑이 되는 줄 아세요?"
"사랑이 뭐 그리 복잡해요?
그냥 사랑하면 되지."

_ 영화 〈너는 내 운명〉 중에서

사랑은 단순합니다.
복잡하지 않습니다.
사랑은 잔머리를 굴리지도 않습니다.
어린아이처럼 아무 계산 없이,
그저 마음 가는 대로 움직이고,
내키는 일을 합니다.
여행을 떠올려 보세요.
모든 일정을 시간 단위로 완벽하게 짜고,
여행 과정에 필요한 티켓 등을 완벽하게 준비하고,
사소한 물건까지 빠짐없이 갖춘 뒤 떠나려고 하면
여행 준비하다 지쳐서
결국 떠나지 못하게 되기 십상입니다.
세세한 계획 없이, 심지어 뚜렷한 목적지도 없이
훌쩍 버스에 몸을 싣고 떠나는 겁니다.
발길 닿는 대로 돌아다니는 겁니다.
사랑도 마찬가지입니다.
복잡하게 생각하지 말고, 그냥 사랑하면 됩니다.
사랑하면 사랑한다고 고백하면 됩니다.

18
April

사람은 친절과 사랑 안에서 성장한다.
자비를 베풀어라,
사랑하라,
여러 말이 있지만 친절하다는 것,
이것이 인간의 미덕이다.

_ 법정 스님, 《산에는 꽃이 피네》(문학의숲) 중에서

인간의미덕이다

11
September

명상은 소리 없는 음악과 같다

명상은 소리 없는 음악과 같다. _ 법정, 《살아 있는 것은 다 행복하라》(조화로운삶) 중에서

19
April

원칙이 없는
삶은
의미가
없다

원칙이 없는 삶은 의미가 없다. _ 영화 〈분노의 질주: 더 오리지널〉 중에서

10
September

세상에서 가장 아름답고 소중한 것

세상에서 가장 아름답고 소중한 것은
보이거나 만져지지 않는다.
단지 가슴으로만 느낄 수 있다.

_ 영화 〈도가니〉 중에서

진국을 만나는 가장 쉽고 빠른 방법은
나 자신이 직접 진국이 되는 것입니다.

이외수, 《자뻑은 나의 힘》(해냄) 중에서

09
September

다른 사람과 관계를 맺도록 도와줄
아주 손쉬운 몸짓 하나를 제안한다.
바로 포옹이다.

_ 엘사 푼셋, 《인생은 단 한 번의 여행이다》(미래의창) 중에서

바로 포옹이다

08
September

난 당신의 있는 그대로의 모습이 좋아

난 당신의 있는 그대로의 모습이 좋아! _ 영화 〈브리짓 존스의 일기〉 중에서

새로운 것이 다가온다

22 | April

길을 걷다 보면 한 걸음 이전과 한 걸음 이후가
'변화' 그 자체라는 것을 느낄 수 있다.
한 걸음 사이에 이미 이전의 것은 지나가고
새로운 것이 다가온다.

_서영은, 《노란 화살표 방향으로 걸었다》(시냇가에심은나무) 중에서

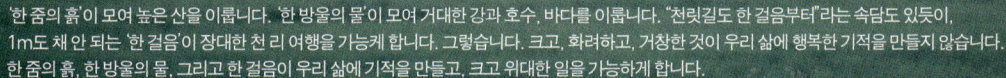

'한 줌의 흙'이 모여 높은 산을 이룹니다. '한 방울의 물'이 모여 거대한 강과 호수, 바다를 이룹니다. "천릿길도 한 걸음부터"라는 속담도 있듯이,
1m도 채 안 되는 '한 걸음'이 장대한 천 리 여행을 가능케 합니다. 그렇습니다. 크고, 화려하고, 거창한 것이 우리 삶에 행복한 기적을 만들지 않습니다.
한 줌의 흙, 한 방울의 물, 그리고 한 걸음이 우리 삶에 기적을 만들고, 크고 위대한 일을 가능하게 합니다.

07
September

태어나기 전에 인간에게
최소한 열 달을 준비하게 하는 신은
죽을 때는 아무 준비도 시키지 않는다.
그래서 삶 전체가 죽음에 대한 준비라고
성인들이 일찍이 말했던가.

_ 공지영의 《높고 푸른 사다리》(한겨레출판) 중에서

●

그렇습니다. 신은 우리에게 열 달을 통해 칠팔십 년의 인생을 준비하게 하고,
칠팔십 년의 인생을 통해 영원을 준비하게 합니다. 죽음이 삶보다 무거운 이유입니다.

23
April

젊음

너희 젊음이 너희 노력으로 얻은 상이 아니듯,
내 늙음도 내 잘못으로 받은 벌이 아니다.

_ 영화 〈은교〉 중에서

늙음

06
September

세상이 붕괴될 때의 얘기야….
어떤 사람이 떨어지면서 계속 자신에게
타일렀대.
'아직은 괜찮아!'
'아직은 괜찮아!'
어떻게 떨어지느냐는 중요치 않아.
중요한 건 착륙이야.

_ 영화 〈증오〉 중에서

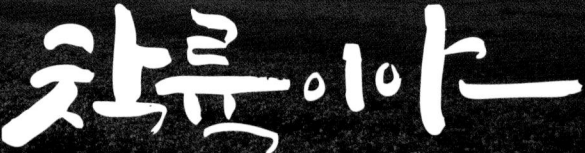

24
APRIL

열어젖히고 들어야 하는

꽃이 진다고 아쉬워만 하랴
마지않아 그 자리에 아 예쁜 열매가 맺히는 것을.
— 이외수 《열매경자(熱愛經)》 중에서

인생이란

05
September

인생이란 그저 태어나고 살아가는 것이니까.
태어났으면, 멋지게 사는 거다.

_류웨이, 《죽거나, 멋지게 살거나》(엘도라도) 중에서

25
April

역경을 딛고 피어 낸 꽃이 가장 아름다운 거란다. _애니메이션 영화 〈뮬란〉 중에서

04
September

네가 없는 곳은 기억이 나지 않아

네가 없는 곳은 기억이 나지 않아. _ 영화 〈이터널 선샤인〉 중에서

•

당신이 없는 곳은 기억나지 않습니다.
왜냐하면, 나는 매 순간순간을 당신과 함께해 왔기 때문입니다.
물론 내가 살아온 모든 물리적인 시간을 당신과 함께했다는 의미는 아닙니다.
그러나 물리적으로 당신과 함께하지 않은 그 시간에조차
나의 영혼은 당신의 영혼과 하나 되어 그 공간과 시간을 함께했습니다.
그러니, 당신이 없는 곳은 기억나지 않습니다.

26 April

꿈을 꾼다는 것

꿈을 꾼다는 것은 '생각하는 것'이 아니라 '움직이는 것'이다.
그러므로 꿈은 '명사'가 아니라 '동사'다.
나를 움직이면 그만큼 꿈에 점점 다가가게 되는 것이다.

_ 이동진, 《당신은 도전자입니까》(다산3.0) 중에서

●

do dream. 꿈은 '두드림'입니다. 명사가 아니라 동사입니다. 두드리는 행위는 명백한 '움직임'이며, 영어의 do 또한 가장 대표적인 동사의 하나입니다.
꿈은 명사의 형태로 머물러 있지 않습니다. 동사가 되어 끊임없이 움직입니다. 우리의 머릿속에, 생각 속에 고요히 머물러 있지 않습니다.
쉴 새 없이 움직이며 무언가를 하고, 찾고, 간절히 두드립니다. 그래야만 꿈은 이루어집니다. do dream, 꿈만 꾸지 말고 꿈을 하세요!

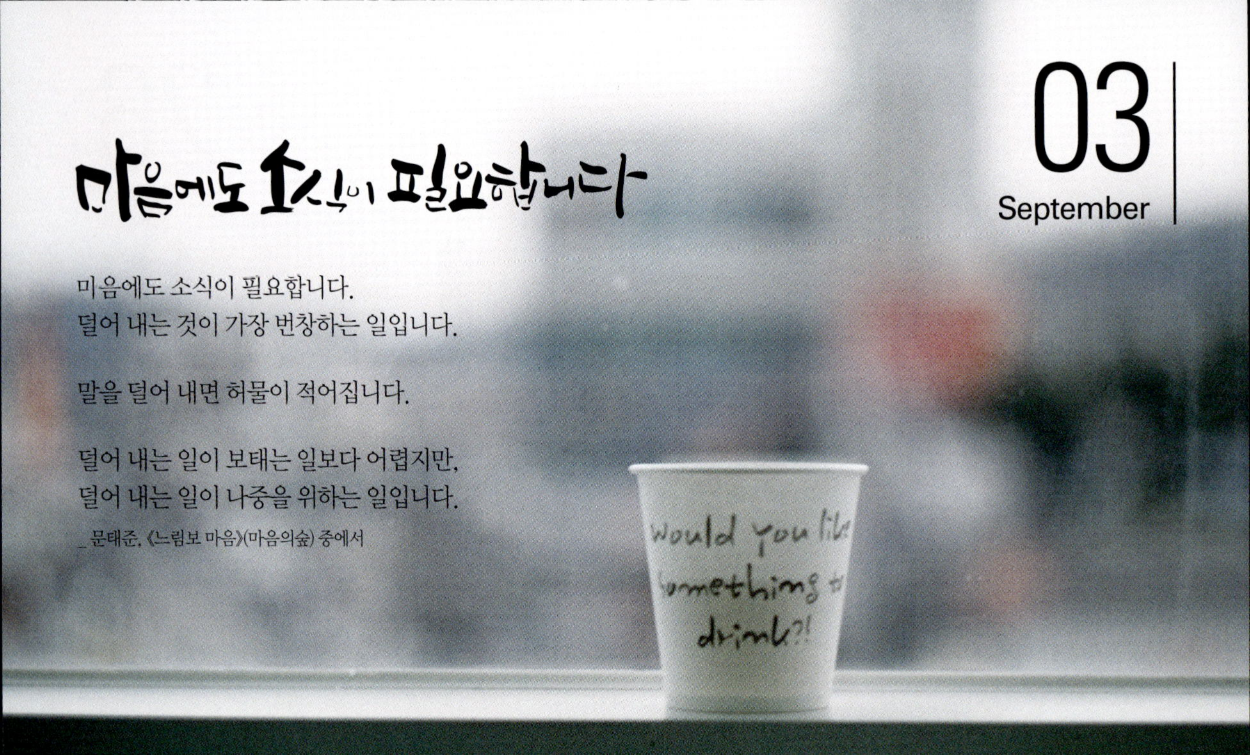

마음에도 소식이 필요합니다

미음에도 소식이 필요합니다.
덜어 내는 것이 가장 번창하는 일입니다.

말을 덜어 내면 허물이 적어집니다.

덜어 내는 일이 보태는 일보다 어렵지만,
덜어 내는 일이 나중을 위하는 일입니다.

_ 문태준, 《느림보 마음》(마음의숲) 중에서

03
September

27
April

삶을 하나의 무늬로 바라보라.
행복과 고통은 다른 세세한 사건들과 섞여들어
정교한 무늬를 이루고
시련도 그 무늬를 더해 주는 재료가 된다.
그리하여 최후가 다가왔을 때
우리는 그 무늬의 완성을 기뻐하게 되는 것이다.

_ 영화 〈아메리칸 퀼트〉 중에서

02
September

그 여자를 만나게 해 주세요.
내가 이 촛불에 손을 넣고 견딜 수 있는 시간만큼만….

_ 영화 〈말죽거리 잔혹사〉 중에서

그 여자를 만나게 해 주세요

28
April

만남이란 일종의 자기 분신을 만나는 것이다

만남이란 일종의 자기 분신을 만나는 것이다. _ 법정, 《살아 있는 것은 다 행복하라》(조화로운삶) 중에서

●

진정한 만남이란 '자기 자신'을 만나는 겁니다. '만남'을 뜻하는 영어 단어 'meeting'만 잘 살펴보아도 그 이치를 명확히 알 수 있습니다. meeting 안에 '나'를 뜻하는 단어 'me'가 들어 있거든요. 거울 안의 자신을 마주 대하듯 솔직하고 꾸밈없이, 정직하게 자기 자신을 만나야 합니다. 매일매일 자기 자신을 제대로 만나는 사람만이 다른 사람도 제대로 만날 수 있습니다. 제대로 된 인간관계를 형성할 수 있습니다.

비겁하지는 마십시오

01
September

두려워해도 됩니다.
걱정해도 됩니다.
그러나 비겁하지는 마십시오.

_파울로 코엘료, 《흐르는 강물처럼》(문학동네) 중에서

당신 생각을 많이 해요.
아침에도, 낮에도, 저녁에도, 밤에도,
그리고 그 사이의 시간과 그 바로 앞,
바로 그 뒤 시간에도.

_ 다니엘 글라타우어, 《새벽 세 시, 바람이 부나요?》(문학동네) 중에서

29
April

당신 생각을 많이 해요

09
SEPTEMBER

365일, 날마다 내 삶을 변화시키는 한 문장
달콤한 아침 포근한 저녁

너와 있어서 행복해. 넌 모를 거야. 왜 지금이 내 인생에 그토록 중요한지…. _ 영화 〈비포 선라이즈〉 중에서

30
April

너와 있어서 행복해
넌 모를 거야
왜 지금이 내 인생에 그토록 중요한지…

31
August

인생은 초콜릿 상자에 있는 초콜릿과 같다.
어떤 초콜릿을 선택하느냐에 따라 맛이 달라지듯이
우리의 인생도 어떻게 선택하느냐에 따라
인생의 결과가 달라질 수 있다.

_ 영화 〈포레스트 검프〉 중에서

●

매 순간의 선택이 우리 인생을 만들고 채웁니다. 순간순간 신중히 선택하고 결정하세요.
아무리 작고 중요해 보이지 않는 선택일지라도 한 번쯤 진지하게 고민한 뒤 선택하고 결정하세요.
그 신중한 선택들이 당신을 행복과 성공이 기다리는 방향으로 이끌어 줄 겁니다.

05
MAY

365일, 날마다 내 삶을 변화시키는 한 문장
달콤한 아침 포근한 저녁

좋은 사람

30
August

세월이 많이 흐른 지금,
나는 새삼 '좋은 사람'에 대해 생각한다.
그리고 정말 누구의 마음에 '좋은 사람'으로 남는 것이
얼마나 힘들고 소중한지 깨닫기 시작한다.

_ 장영희의 《살아온 기적 살아갈 기적》(샘터) 중에서

01
May

눈 감지 말고 똑바로 봐.
두려움의 실체는 생각과 다를 수 있어.

_ 애니메이션 영화 〈니모를 찾아서〉 중에서

29
August

가느다란 빛 한 줄기

내 인생에 태양 같은 건 없었어.
가느다란 빛 한 줄기 있었을 뿐이야.
태양만큼 밝진 않았지만 나에겐 충분했어!

_ 영화 〈백야행〉 중에서

산책을 하면서 오늘이라는 날이
어떤 계절의 어떤 위치에 있는지
두 팔을 벌려 느껴 보세요.
바로 그것이 당신의 삶을 풍요롭게 해 주는
아주 간단하면서도 가장 확실한 방법이에요.

_ 나카야마 요코, 《여자, 독하지 않아도 괜찮아》(마젤란) 중에서

02
May

산책을 하면서

행복은 자연의, 우리 일상의 작고 세밀한 것들을 발견하고 감지하는 데서 옵니다.
어제보다 조금 더 서늘해진 공기를 느끼는 일, 미세한 햇살의 온도 차이를 느끼는 일,
바람의 방향과 세기 변화를 느끼는 일…. 그런 우리 삶의 작고 세밀한 것들이, 그것을
발견하고 감지하는 일들이 우리의 삶을 좀 더 풍요롭고 행복하게 해 줍니다.

28
August

순간순간 날마다 달마다 해마다

순간순간, 날마다, 달마다, 해마다
어떤 시간이나 자기가 더 바람직하게 여기는
삶을 살 수 있는 좋은 기회로 삼아야 한다.
이것은 "내일은 새로운 날"이라는
옛말과 통한다.

_ 헬렌 니어링 · 스코트 니어링, 《조화로운 삶》(보리) 중에서

03
May

네가 네 꿈을 좇지 못한다면
넌 식물인간이나 다름없단다.

_ 영화 〈세상에서 가장 빠른 인디언〉 중에서

27
August

유일한 방법이다

스스로가 옳다고 믿는 일을 하는 것이
삶을 살아가는 유일한 방법이다.

_영화 〈토요일밤의 열기〉 중에서

자신이 옳다고 믿는 일을 하며 살아야 합니다.
자기 내면에서 들려오는 소리에 귀 기울이며 '선한 삶'을 살려고 애써야 합니다.
마치 그릇에 한두 방울 물방울이 떨어져 결국 가득 채우듯,
그런 선한 시간이 당신의 인생을 채워야 합니다.

04
May

마음은 수천 개의 채널이 있는 텔레비전과 같다.
그리하여 우리가 선택하는 채널대로
순간순간의 우리가 존재하게 된다.
분노를 켜면 우리 자신이 분노가 되고,
평화와 기쁨을 켜면 우리 자신이 평화와 기쁨이 된다.

_ 틱낫한, 《살아 있는 지금 이 순간이 기적》(마음터) 중에서

26
August

마음이 초조하고 산만해지면 그냥 휴식하라.
저항에 저항으로 대응하려고 애쓰지 마라.
우리의 마음은 함부로 명령할 때보다는
편안하게 지시할 때 더욱 잘 반응한다.

_ 셰퍼드 코미나스, 《치유의 글쓰기》(홍익출판사) 중에서

그냥 휴식하라

05
May

친구가 없는 날은 꿀이 없는 꿀단지 같아.
_애니메이션 영화 〈곰돌이 푸〉 중에서

25
August

바라보는 것만도 좋아서
가질 생각도 못했다.

_영화 〈가장 따뜻한 색, 블루〉 중에서

●

꽃을 생각해 보세요.
사람들은 예쁜 꽃을 보면 그 꽃에 반해 꺾어서 소유하려고 합니다.
하지만 정말 아름다운 꽃은 감히 꺾을 엄두도 내지 못합니다.
그저 감탄사를 연발하며 완전히 심취한 채 바라보고 또 바라봅니다.

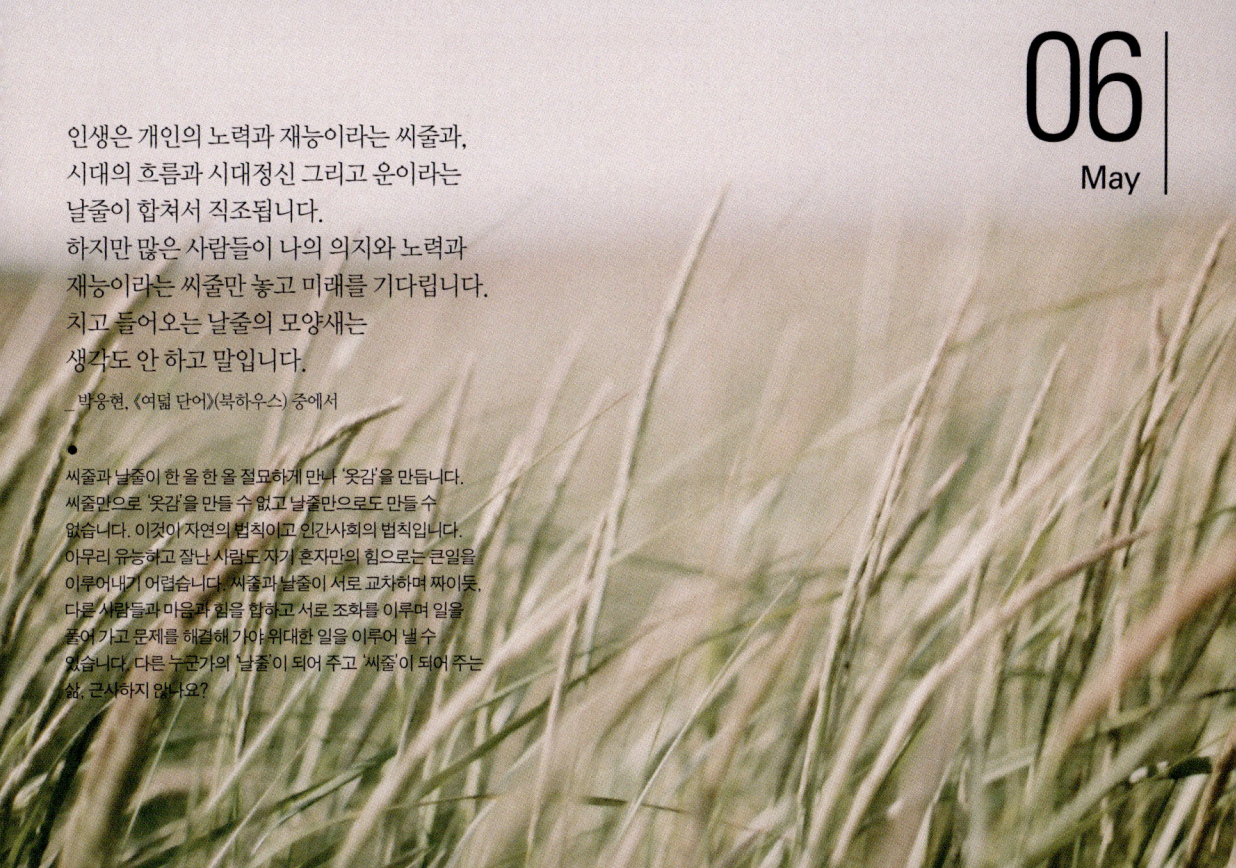

06
May

인생은 개인의 노력과 재능이라는 씨줄과,
시대의 흐름과 시대정신 그리고 운이라는
날줄이 합쳐서 직조됩니다.
하지만 많은 사람들이 나의 의지와 노력과
재능이라는 씨줄만 놓고 미래를 기다립니다.
치고 들어오는 날줄의 모양새는
생각도 안 하고 말입니다.

_박웅현, 《여덟 단어》(북하우스) 중에서

●

씨줄과 날줄이 한 올 한 올 절묘하게 만나 '옷감'을 만듭니다.
씨줄만으로 '옷감'을 만들 수 없고 날줄만으로도 만들 수
없습니다. 이것이 자연의 법칙이고 인간사회의 법칙입니다.
아무리 유능하고 잘난 사람도 자기 혼자만의 힘으로는 큰일을
이루어내기 어렵습니다. 씨줄과 날줄이 서로 교차하며 짜이듯,
다른 사람들과 마음과 힘을 합하고 서로 조화를 이루며 일을
풀어 가고 문제를 해결해 가야 위대한 일을 이루어 낼 수
있습니다. 다른 누군가의 '날줄'이 되어 주고 '씨줄'이 되어 주는
삶, 근사하지 않나요?

24
August

산다는 것은
자기 자신을 창조하는 일,
그 누구도 아닌 자신이 자신에게
자신을 만들어 준다.

_ 법정, 《산방한담》(샘터) 중에서

•
우리 삶은 그 자체로 창조적입니다.
아니, 우리 삶은 그 출발부터가 창조성 그 자체였습니다.
아버지와 어머니가 사랑으로 만나 내가 태어났으니까요.
그러니까 나는 어머니와 아버지의 창조적 행위의 결과로 태어난 귀중한 창조물인 겁니다.

07 May

사랑하고 사랑받는다는 것

사랑하고 사랑받는다는 것은
태양을 양쪽에서 쪼이는 것과 같다.
서로의 따스한 볕을 나누어주는 것이다.
그리고 그 정성을 잊지 않는 것이다.
우리는 서로에게 태양이 되자.
그리하여 영원히 마주 보며 비추어 주자.

_ 이상각, 《인간관계를 열어주는 108가지 따뜻한 이야기》(들녘미디어) 중에서

23
August

행복은 나눌 때 진정한 가치가 있다.

행복은 나눌 때 진정한 가치가 있다. _ 영화 〈인투 더 와일드〉 중에서

물건은 나누고 쪼개면 자꾸 작아지다가 사라져 버립니다.
신기하게도 행복은 자꾸 나누고 쪼갤수록 점점 더 커지고, 많아지고, 풍성해집니다.
그러니 당신이 가진 행복을 당신의 가족과 동료와 이웃과 넉넉히 나누세요.

08
May

아버지에게 자전거를 배운 추억
엄마가 해 준 따뜻한 밥을
기억하는 것만으로
살아갈 힘이 된다.

_ 한미화, 《아이를 읽는다는 것》(어크로스) 중에서

●
사람은 밥만 먹고 살 수 있는 존재가 아닙니다. 사람은 추억을 먹고 삽니다. 좋은 음식은 몸을 살찌우고 건강하게 해 줍니다. 아름다운 추억은 정신을 풍요롭게 하고 영혼을 살찌웁니다. 아버지와 함께 타던 자전거, 엄마가 해 주셨던 따뜻한 밥과 거칠고 소박하지만 맛있는 반찬, 형과 가지고 놀던 딱지와 장난감, 여동생이 아끼던 소꿉놀이 세트….

해변에서 지내는 동안
사람들은 먼저 벗어던지는 기술을 배우게 된다.
얼마나 많이 가져야 하는가가 아니라
얼마나 적게 지니고도 살아갈 수 있는가를 배운다.
먼저 옷이다.
얼마나 홀가분한가!
그러면서 사람들은 옷만이 아니라
허식까지 벗어던진 자신을 발견하게 된다.

_A.M. 린드버그, 《바다의 선물》(범우사) 중에서

22
August

얼마나 홀가분한가

09
May

쉽지 않아도 좋아요
가능성만 있다면

쉽지 않아도 좋아요. 가능성만 있다면. _ 영화 〈소울 서퍼〉 중에서

21
August

운명의 또 다른 이름은 타이밍이다

운명의 또 다른 이름은 타이밍이다.
그러나 운명은 그리고 타이밍은 그저 찾아드는 우연이 아니다.
간절함을 향한 숱한 선택들이 만들어 내는 기적 같은 순간이다.
주저 없는 포기와 망설임 없는 걱정들이 타이밍을 만든다.

— 드라마 〈응답하라 1988〉 중에서

10
May

때론 현혹되지 않기 위해 눈을 감습니다.
진실은 마음의 눈으로 볼 수 있으니까요.

_조용철, 《마음풍경》(학고재) 중에서

진실은 마음의 눈으로 볼 수 있으니까요

20
August

기쁨은 우리 삶의 여러 축 가운데 하나여야 한다.
그것은 고결한 인격의 표지이며,
자기를 내어주어 삶을 감싸는 외투와도 같다.

_ 마더 테레사, 《즐거운 마음》(오늘의책) 중에서

11
May

물리학에서 끌림이론은
특정소리가 심장박동을 증가시킨다는 거야.
내겐 말이야.
언제나 그 특정 소리는
당신의 웃음소리야.

_ 영화 〈내 이름은 칸〉 중에서

당신의 웃는 소리야

충분한 시간이 있어

19
August

너에게는 아직 꿈을 이루기 위한
충분한 시간이 있어.

_ 영화 〈피터팬〉 중에서

●

우리에겐 언제나 꿈을 이루기 위한 충분한 시간이 있습니다.
'시간이 부족해 꿈을 이루지 못했다'는 말은 핑계에 지나지 않습니다.
아무리 늦게 꿈을 꾸기 시작했다 할지라도
그 꿈이 진정 절실한 꿈이고 당신의 마음 밭에 단단하게 뿌리 내리고 있다면
빠르고 느림, 혹은 시간의 많고 적음은 문제가 되지 않습니다.
'반드시 이루어지리라'는 희망을 품고 앞을 향해 달리다 보면 꿈은 반드시 이루어집니다!

12
May

오늘은 내 남은 날들 중에 가장 젊은 날입니다.
오늘은 내 남은 날들 중에 가장 멋지고 예쁜 날입니다.

_송정림, 《참 좋은 당신을 만났습니다 두 번째》(나무생각) 중에서

오늘은 내 남은 날들 중에

- 내일은 당신의 남은 날 중 더 젊은 날이 될 겁니다.
  내일은 당신의 남은 날 중 더 멋지고 예쁜 날이 될 겁니다.

18
August

배움을 얻는다는 것은
자신의 인생을 사는 것을 의미한다.
갑자기 더 행복해지거나 강해지는 것이 아니라,
세상을 더 이해하고 자기 자신과 더
평화로워지는 것을 의미한다.
아무도 당신이 배워야 할 것이
무엇인지 알려줄 수 있는 사람은 없다.
그것을 발견하는 것은 당신만의 여행이다.

_ 엘리자베스 퀴블러 로스, 《인생 수업》(이레) 중에서

당신만의 여행

13 May

너에게도 기적이 일어날 수 있어

난 널 만난 순간부터 네가 특별하다고 생각했어.
너에게도 기적이 일어날 수 있어.

_ 영화 〈굿바이 마이 프렌드〉 중에서

●
아니, 기적은 이미 일어났습니다. 누군가를 만나 첫눈에 반하고,
사랑에 빠지고…. 상대도 당신에게 반하고, 사랑에 빠지고….
이게 기적이 아니면 세상의 그 무엇이 기적이겠습니까!

17
August

인생을 살다 보면 가장 크게 잃었을 때
가장 크게 얻는 경우가 종종 있습니다.
그래서 잃어도 잃은 게 아니고
얻어도 다 얻은 게 아닙니다.

두 다리를 잃고 나서야
제대로 서는 법을 배웠습니다.
_ 영화 〈세 얼간이〉 중에서

14
May

일단 모든 것의 시작은 웃음이다

가능하면 보기 좋은 옷차림에다가,
미소와 좋은 태도, 그리고 유머감각을 함께 갖도록 하라.
그렇게 하면 평균 이상의 급료를 받게 될 것이며,
인생에 있어서도 성공을 거두게 될 것이다.
일단 모든 것의 시작은 웃음이다.

_이요셉 편역, 《지그 지글러, 희망을 쏘다》(씨앗을뿌리는사람) 중에서

앞으로 나아갈 길이다

16
August

지금 나의 가슴을 뛰게 하는 것은
지나온 길이 아니라 앞으로 나아갈 길이다.

_ 바바라 애버크롬비, 《인생을 글로 치유하는 법》(책읽는수요일) 중에서

15
May

난 널 사랑해

다신 널 만나지 못할지라도
혹은 네가 날 잊게 될지라도
한 가지 비밀만은 말해 주고 싶어.
난 널 사랑해….

_ 영화 〈말할 수 없는 비밀〉 중에서

15
August

"알려줘야지. 우린 계속 싸우고 있다고." _ 영화 〈암살〉 중에서

16
May

사랑해야 한다

어떤 대상을 바르게 이해하려면
먼저 그 대상을 사랑해야 한다.

_ 법정, 《살아 있는 것은 다 행복하라》(조화로운삶) 중에서

14
August

잘 닦인 길만 바라보고 가지 말자.
새로운 길을 걸을 때, 사람의 가슴은 두근거린다.
눈앞에 숲이 있다.
그곳에 자신만의 길을 만들어 가는 과정이
그대를 기쁘게 한다.

_ 헨리 데이비드 소로, 《월든》(은행나무) 중에서

17 May

인생 기회

매일, 매분, 매초마다
인생을 바꿀 수 있는 기회가 있어.

_애니메이션 영화 〈아기코끼리 덤보〉 중에서

●
기회는 산골짜기에 흐르는 맑고 깨끗한 물과 같습니다. 그 물을 한 움큼 떠서
마시면 갈증 난 목을 시원하게 해 줍니다. 그 물로 세수하거나 목욕을 하면
몸을 시원하고도 정갈하게 해 줍니다. 그러나 아무 일도 하지 않고 그저
바라보며 흘려보내면 아무런 유익도 줄 수 없습니다. 기회란 날아가는
야구공을 몸을 날려 잡아내듯 적극적으로 붙잡을 때 비로소 가치가 있습니다.

13
August

너는 왜 그렇게 주위 사람들과
똑같아지려고 노력하니?
돋보이기 위해서 태어났는데!

_ 영화 〈왓 어 걸 원츠〉 중에서

돋보이기 위해서 태어났는데!

당신이 매력적이고 사랑스러운 건 다른 멋진 누군가를 닮았기 때문이 아닙니다.
당신을 매력적인 사람으로 만드는 건 당신만의 개성적인 외모, 말투, 표정,
걸음걸이, 습관 하나하나입니다. 다른 사람과 같아지려고 노력하는 것은 이 세상에
단 한 번뿐인 '맞춤옷'을 개성 없는 기성복과 바꾸는 일처럼 어리석은 일입니다.

18
May

그 누구도 아닌 자기 걸음을 걸어라

그 누구도 아닌 자기 걸음을 걸어라.
나는 독특하다는 것을 믿어라.
누구나 몰려가는 줄에 설 필요는 없다.
자신만의 걸음으로 자기 길을 가거라.
바보 같은 사람들이 무어라 비웃든 간에.

_ 영화 〈죽은 시인의 사회〉 중에서

12
August

나는 청춘을 지나
좀 더 나은 어른이 되어 있을 것이라고
그렇게 믿고 싶다.
_ 김연수, 《청춘의 문장들》(마음산책) 중에서

그렇게 믿고 싶다

아마도 나는 너무나도 멀리서
행복을 찾아 헤매고 있나 봅니다.
행복은 마치 안경과 같습니다.
나는 안경을 보지 않습니다.
그렇지만 안경은 나의 코 위에 놓여 있습니다.
그렇게도 가까이!

쿠르트 호크, 《나이 들지 않으면 알 수 없는 것들》(브리즈) 중에서

19
May

그렇게도 가까이!

그렇습니다. 행복을 찾아 헤맨다고 행복을 얻을 수 있는 건 아닙니다. 행복해져야 한다는 강박관념을 버리고 매 순간순간 자신에게 주어지는 일들에 최선을 다하며 살면 저절로 행복해집니다. 주위 사람들과 좀 더 편안한 관계를 맺고, 자주 웃으며 생활하면 이미 당신은 행복한 사람입니다. 최선을 다해 일하되 욕심을 조금만 버리면 당신은 좀 더 행복해질 겁니다.

11
August

난 그냥 마음 가는 대로 사랑했을 뿐인데
그인 나보고 사랑하는 방법을 가르쳐줘서 고맙대.

_ 영화 〈이프 온리〉 중에서

● 사랑은 말로 가르치는 게 아닙니다.
사랑은 행동으로, 실천으로만 가르칠 수 있습니다.
누군가를 사랑한다면, 그가 당신을 사랑하게 하고 싶다면
그를 진심으로 사랑하고, 또 사랑하면 됩니다.
"널 사랑해!"라는 말 대신 온몸으로 사랑하면 됩니다.

고맙다

20
May

서로 다 안다고 생각하니까
굳이 할 말이 없어지는 거예요.
침묵에 길들여지는 건 무서운 일이죠.

_영화 〈내 아내의 모든 것〉 중에서

10
August

道

사람이 다니라고 만든 길은 몸만 옮겨 놓지 않는다.
몸이 가는 대로 마음이 간다.
몸과 마음이 함께 가면 그 길은 길이 아니라 도(道)이다.

_ 고운기, 《삼국유사 길 위에서 만나다》(현암사) 중에서

21
May

어두운 밤하늘에 반짝이는 건 다 별이랬어요. _ 영화 〈산다〉 중에서

09
August

1분 1초마다 인생을 바꿀 수 있는
기회가 온다.

_영화 〈바닐라 스카이〉 중에서

08
August

죽음은 삶의 반대편에 있는 것이 아니라,
그 일부로서 존재하고 있다.

_무라카미 하루키, 《상실의 시대》(문학사상사) 중에서

세상은 너희 생각보다 훨씬 더 아름답단다

23 May

세상이 무섭다고 지레 겁먹지 마라.
너희 부모도 나도 즐거이 살아온 세상이다.
세상은 너희 생각보다 훨씬 더 아름답단다.

_드라마 〈세상에서 가장 아름다운 이별〉 중에서

07
August

우연은 어떻게 운명이 되고 우리를 어디로 데리고 갈까요? _ 영화 〈연애의 발견〉 중에서

•
'우연'과 '운명'은 자웅동체입니다.
우연은 운명이 되고, 운명처럼 일어난 일들에 우연적인 요소가 내재해 있습니다.
그러니 우연처럼 보이는 일도 너무 쉽게 흘려버리지 말고,
운명처럼 보이는 일도 너무 심각하게 받아들이지 마세요.

24
May

인생은
자전거를 타는 것과 같아서
계속 페달을 밟는 한
넘어질 염려는 없다.

— 클라우드 페퍼

계속 페달을 밟는 한 넘어질 염려는 없다

자전거를 타다 보면 넘어질 때도 있습니다. 무릎이 깨져 피가 나고 종아리에 멍이 들 때도 있습니다. 그럴 땐 툭툭 털고 일어나면 됩니다. 피를 닦고, 약을 바르고, 붕대를 감고 다시 자전거를 타면 됩니다. 다시, 힘껏 페달을 밟으면 됩니다. 물론 또다시 넘어지지 않도록 조심은 해야겠지요.

06
August

건강과 행복은 노력을 해야만 얻을 수 있다

불행은 부르지 않아도 온다.
그러나 건강과 행복은 노력을 해야만 얻을 수 있다.

_ 슈테판 클라인, 《행복의 공식》(웅진지식하우스) 중에서

25
May

갈 길을 잃고 헤매다 해도
우리가 영원히 길을 잃은 건 아니야.
_ 영화 〈엑스맨: 데이즈 오브 퓨처 패스트〉 중에서

05
August

인생은 아이스크림과도 같아

인생은 아이스크림과도 같아.
녹기 전에 맛있게 먹어야 해!

_ 영화 〈블랙〉 중에서

아이스크림 가게에 가면 수십 가지 서로 다른 색과 모양과
맛과 향을 지닌 아이스크림들이 진열돼 있습니다.
우리 인생도 그렇습니다.
한 가지 색, 한 가지 향, 한 가지 모양만을 가지고 있지 않지요.
제각각 다른 색과 맛과 향기와 모양을 지니지요.

26 May

일단 시작하라!

당신이 할 수 있는 일,
또는 할 수 있다고 믿는 일이라면
무조건 일단 시작하라.
행동은 그 자체에 마법과 은총,
그리고 힘을 지니고 있다.

_ 줄리아 카메론, 《아티스트 웨이》(경당) 중에서

당신은 지금 무엇을 하고 계시나요

인생의 기본 재료 중에서 가장 중요하면서도
가장 소홀히 하기 쉬운 것이 시간입니다.
한 번 써 버린 시간은 재활용이 불가능합니다.
당신은 지금 무엇을 하고 계시나요.

_이외수, 《코끼리에게 날개 달아주기》(해냄) 중에서

04
August

27
May

당신은 내가 존재하는 이유이고, 내 모든 삶의 이유입니다

당신은 내가 존재하는 이유이고, 내 모든 삶의 이유입니다. _ 영화 〈뷰티풀 마인드〉 중에서

03
August

만일 네가 백 살까지 산다면
난 백에서 하루 덜 살고 싶어.
난 너 없이는 하루도 살 수 없으니까!

― 애니메이션 영화 〈곰돌이 푸〉 중에서

난 너 없이는 하루도 살 수 없으니까!

만일 내가 당신보다 하루 더 살게 된다면, 나는 온전히 당신 생각만 하며 그 하루를 보낼 겁니다.
당신과 함께 자주 갔던 식당에 가서 밥을 먹고, 당신과 함께 보았던 영화를 보고, 당신과 함께 머물렀던 공원 벤치에 앉을 겁니다.
당신과 함께했던 추억을 되새기고 되살리며 그 24시간을 보낼 겁니다.

28 May

어떻게 죽을 것인가

생각하는 인간은 분명 어떻게 살 것인가를 안다.
죽음이 삶을 결정하고
거꾸로 삶의 과정이 죽음을 평가하게 한다면
내 삶은 어디로 가고 있는가.

_ 공지영, 《높고 푸른 사다리》(한겨레출판) 중에서

●

삶과 죽음은 동전의 양면과도 같습니다. 어느 한 면만으로 동전의 역할을 할 수 없듯 삶이라는 한 면은 죽음이라는
다른 한 면이 있기에 완성됩니다. 행복한 삶을 사는 사람이 행복을 죽음을 맞이하게 되는 것도 그래서입니다.

02
August

꿈이 현실이 되리라 믿는 것이지

인생을 살맛나게 해 주는 건 꿈이 현실 되리라 믿는 것이지.

_ 파울로 코엘료, 《연금술사》(문학동네) 중에서

29
May

사랑은 있는지도 몰랐던 내면의 용기를 찾는 거예요. _ 영화 〈리틀 맨해튼〉 중에서

첫 번째날이다

01
August

오늘은 당신의 남은 인생이 시작되는
첫 번째 날이다.

_ 영화 〈아메리칸 뷰티〉 중에서

우리가 언제 어디서나
똑바로 몸을 세우고 꼿꼿이 앉을 수만 있다면,
우리가 언제 어디서나
활달하고 당당하게 걸을 수만 있다면
그 간단한 행동 하나에서 우리의 정신은 균형을 잡고
우리의 영혼은 바로 서게 될 것이다.

_ 최인호, 《산중일기》(랜덤하우스코리아) 중에서

30
May

우리의 영혼을
바로서게 될것이다-

# 08
AUGUST

365일, 날마다 내 삶을 변화시키는 한 문장
달콤한 아침 포근한 저녁

인생을 예측할수 없다는 점이다

31
May

인생에서 유일하게 예측할 수 있는 건
인생을 예측할 수 없다는 점이다.
_ 애니메이션 영화 〈라따뚜이〉 중에서

•
인생이 자기 앞날을 예측할 수 없다는 건 다행스러운 일입니다. 불행이 아니라 행복입니다.
한번 생각해 보세요. 자기 앞에 쉴 새 없이 다가오는 순간순간을 예측할 수 있다면, 그 인생이 과연 행복할까요?
그렇지 않을 겁니다. 산책하러 나갔다가 우연히 이름 모를 예쁜 들꽃을 보고 감탄하고, 갑자기 나뭇가지 옆을 튕기듯
날아 저 멀리 사라지는 참새나 종달새 때문에 기분 좋게 놀라는 일 따위는 아예 존재하지 않을 테니까요!

31
July

네 자신의 말을 들어야 해

때로는 다른 사람들의 말을 들을 필요 없어.
네 자신의 말을 들어야 해.

_ 영화 〈옥토버 스카이〉 중에서

●

세상을 살다 보면 다른 사람의 말에 귀 기울여야 할 때가 있습니다. 그렇다고 늘 다른 사람의 말에만 귀 기울이고 자기 내면의 소리를 무시해서는 안 됩니다. 남의 말에만 귀 기울이다 보면 자칫 '중심'을 잃게 됩니다. '자기 자신'을 잃어버리게 됩니다. 한 걸음도 앞으로 나아가지 못하게 됩니다.

06
JUNE

365일, 날마다 내 삶을 변화시키는 한 문장
달콤한 아침 포근한 저녁

30
July

우리는 우주에 흔적을 남기기 위해 여기에 있다. _스티브 잡스

'흔적을 남기는 것'은 중요합니다. 흔적은 지식의 출발점이 되고 문제 해결의 실마리가 되기 때문입니다.
아무리 어렵고 복잡한 문제도 지식과 지혜의 근거만 찾을 수 있으면 해법을 찾기는 시간문제입니다.
아무리 골치 아픈 문제도 실마리나 근거, 즉 흔적만 찾을 수 있다면 얼마든지 풀 수 있습니다.

우리는 우주에 흔적을 남기기 위해
여기에 있다

일어나는 법을 배우기 위해서이다

우리는 왜 넘어질까?
일어나는 법을 배우기 위해서이다.

_ 영화 〈배트맨 비긴즈〉 중에서

01
June

29
July

그래야 세상살이가 살맛이 나거든

위험이란 건 말이다. 삶의 활력 같은 거란다.
가끔은 위험도 감수할 수 있어야 된단다.
그래야 세상살이가 살맛이 나거든.

_ 영화 〈세상에서 가장 빠른 인디언〉 중에서

02
June

삶이란 끊임없이 새로워지는 것입니다.
마치 뱀이 주기적으로 허물을 벗듯이
사람도 영혼의 성장을 위해
마음의 껍질을 벗어야만 합니다.

_ 한스 크루파, 《마음의 여행자》(조화로운삶) 중에서

삶이란 끊임없이 새로워지는 것입니다

28
July

어떤 것에서 곧바로
좋은 점을 찾아낼 수 있다는 것은
그만큼 밝은 마음의 눈을 가지고 있다는 증거입니다.

수많은 나쁜 점들 가운데서 우연히 발견한
단 하나의 좋은 점에 정성을 다하는 사람들이야말로
진실로 마음의 눈이 밝은 사람들입니다.

가반 도우즈, 《문둥이 성자 다미안》(바다출판사) 중에서

03
June

그치지 않는 비는 없다

비는 누구의 머리 위에나 똑같이 내린다.
하지만 그치지 않는 비는 없다.

_ 미야베 미유키, 《외딴 집》(북스피어) 중에서

- 비는 두 가지 특성을 지닙니다. 첫째, '누구의 머리 위에나 똑같이 내린다'는 점.
둘째, 아무리 거센 폭우와 기나긴 장마도 언젠가는 '반드시 그친다'는 점. 그러므로 비에 대해 불평할 이유가 없습니다.
내 머리 위만이 아닌 다른 사람들의 머리 위에도 내리기에, 또 언젠가는 반드시 그칠 것이기에 불평할 이유도, 절망할 이유도 없습니다.

27
July

운명을
결정짓는
유전자는
없다

운명을 결정짓는 유전자는 없다. _ 영화 〈가타카〉 중에서

너 자신을 먼저 사랑해!

누구를 사랑하고자 한다면
너 자신을 먼저 사랑해!

애니메이션 영화 〈미녀와 야수〉 중에서

04
June

자기 자신을 사랑하지 않는 사람이 다른 사람을
사랑하기는 어렵습니다. 아니, 그냥 어려운 정도가 아니라
거의 불가능합니다. 자기 자신의 감정을 잘 살피고 자신의
내면에서 들려오는 소리에 귀 기울이지 못하는 사람이
다른 사람과 제대로 소통하기는 어렵습니다. 진정한
소통과 사랑은 자기 자식과의 솔직한 대화, 그리고 자기
자신을 따뜻하게 감싸고 보듬는 일에서 비롯됩니다.

26
July

로마의 시인 터틀리언은
"햇빛은 하수구까지 고르게 비추어 주어도
햇빛 자신은 더러워지지 않는다"고 하였다.
훌륭한 사람은 진흙 속에 있는 진주와 같아서
주위 환경에 오염되지 않으며
또 금방 알아낼 수 있다는 뜻이다.

_ 김방이, 《천 년의 지혜가 담긴 109가지 이야기》(한국문원) 중에서

05
June

당신은 날씨를 마음대로 바꿀 수 없지만
기분은 바꿀 수 있다.
당신은 외모를 바꿀 수는 없지만
자신을 연출할 수는 있다.
당신은 항상 승리할 수 없지만
어떤 일에 최선을 다할 수는 있다.
즐거움은 원래 이렇게 단순하다.

_ 장쓰안, 《나를 이기는 힘 평상심》(샘터) 중에서

25
July

우리는 답을 찾을 것이다. 늘 그랬듯이.
_ 영화 〈인터스텔라〉 중에서

문제에는 답이 있습니다.
아무리 어려운 문제라도 반드시 답이 있습니다.
답이 없는 문제는 문제가 아닙니다.
문제만 있고 해결책이 없는 인생은 없습니다.
답이 없는 인생은 인생이 아닙니다.

이유 없는 삶이란 의미도 없고 해피엔딩 없는 영화 같죠.
_ 영화 〈카이로의 붉은 장미〉 중에서

24 July

당신이 만약 햇빛과
따사로운 물기를 받아들이려 한다면
천둥과 번개 또한 받아들일 수 있어야 한다.

_ 칼릴 지브란

•
대추 열매는 햇빛과 물, 부드러운 미풍만으로 열리지 않습니다.
붉어지지 않습니다.
심장을 덜컥 내려앉게 하는 천둥과 번쩍번쩍 무시무시한 번개도 이겨 내고
햇빛도 넉넉히 받아들여야 붉게 익은 아름다운 열매를 맺을 수 있습니다.

사람은 자신이 생각하는 모습대로 되는 것이다

07 June

사람은 자신이 생각하는 모습대로 되는 것이다.
지금 자신의 모습은 자신의 생각에서 비롯된 것이다.
내일 다른 위치에 있고자 한다면
자신의 생각을 바꾸면 된다.

_ 데이비드 J. 리버만, 《나에겐 분명 문제가 있다》(창작시대) 중에서

• 너대니얼 호손의 「큰 바위 얼굴」이라는 소설을 읽어 보셨나요?
주인공 소년은 마을 어귀에 있는 '큰 바위 얼굴'을 날마다 바라보며
큰 바위 얼굴을 닮은 영웅이 자기 마을에 오게 해 달라고 기도합니다.
수십 년이 지난 그 마을에 정말로 큰 바위 얼굴을 닮은 영웅이 찾아옵니다.
그 영웅은 바로 어른이 된 그 소년이었습니다. 소년이 '큰 바위 얼굴'을
닮아 가듯 우리는 자신이 바라고 꿈꾸는 사람이 됩니다.

23
July

그냥 수영을 계속 하는 거야!

삶이 너를 힘들게 할 때 뭘 해야 할지 알고 있니?
그냥 수영을 계속 하는 거야!

_애니메이션 영화 〈니모를 찾아서〉 중에서

모진 비바람이 벼 이삭을 쓰러뜨리듯 삶이 우리를 무던히도 힘들고 고통스럽게 할 때가 있습니다.
그럴 땐 쉽지 않겠지만, 유연하게 대응해야 합니다. 수영하듯 부드럽게 대응하고, 수영하듯 즐겨야 합니다.

08
June

꼭 요란한 사건만이
인생의 방향을 바꾸는 결정적 순간이
되는 것은 아니다.
실제로 운명이 결정되는 드라마틱한 순간은
믿을 수 없을 만큼 사소할 수 있다.

_ 영화 〈리스본행 야간열차〉 중에서

22
July

그것은 행복과 건강을 가져다주는 사상이었다

나는 매일 아침에 눈을 뜨자마자
제일 먼저 감사할 일을 미리 먼저 마음속에 그려 보고
라디오에서 흘러나오는 아름다운 음악 소리,
책을 읽는 시간, 맛있는 음식, 나를 아껴 주는 사람들,
다정한 친구들을 생각했다.

그 효과는 대단했다.
그것은 행복과 건강을 가져다주는 사상이었다.

_ 데일 카네기, 《인생은 행동하는 것이다》(판미디어) 중에서

09
June

벌떡 일어나 여건을 찾아 나서는 사람,
여건이 갖추어지지 않았을 때
스스로 여건을 만들어 내는 사람만이
세상에서 승리할 수 있다.
행운을 불러온 사람은 바로 당신입니다.

_알렉스 로비라 셀마, 《행운》(에이지21) 중에서

행운을 불러온 사람은 바로 당신입니다

21
July

오늘의 특별한 순간들은 내일의 추억들이다.
영화 〈멀리건〉 중에서

작은 배려, 약간의 남을 위한 생각이 변화를 만듭니다.
애니메이션 영화 〈위니 더 푸〉 중에서

20
July

마음이 즐거우면 종일 걸어도 싫지 않으나
마음에 근심이 있으면 잠깐 걸어도 싫증이 난다.

인생 항로도 이와 마찬가지니
언제나 명랑하고 유쾌한 마음으로
인생의 길을 걸어라.

_ 우애령, 《결혼에 관한 가장 솔직한 검색》(하늘재) 중에서

인생의 길을 걸어라~

11
June

물잔에 떨어진 잉크 한 방울처럼
우리 각자는 세상 전체의 색조를 바꿀 수 있다.
비록 산꼭대기에서 혼자 살고 있는 사람이라
할지라도
기쁨의 느낌을 만들어 냄으로써
다른 이들이 기쁨을 느끼는 데
도움이 되는 파동을 보낸다.

_로버트 슈워츠, 《웰컴 투 지구별》(샨티) 중에서

물잔에 떨어진 잉크 한 방울처럼

인연이란 말은

인연이란 말은 시작할 때 하는 말이 아니라
모든 일이 끝날 때 하는 말이에요.

_영화 〈동감〉 중에서

19
July

우리는 진심으로 서로를 사랑했다

12
June

우리의 연애는 달콤하지도,
이벤트로 가득 차 있지도 않았다.
하지만 우리는 진심으로 서로를 사랑했다.

_ 영화 〈연애의 온도〉 중에서

18
July

한 가지 분명한 사실은
아직 아무 일도 일어나지 않았다는 것이며,
일어나 봤자 문제일 것이고,
문제엔 반드시 해답이 있기 마련이라는 것이다.

_ 영화 〈싱글즈〉 중에서

13
June

가장 빛나는 별은 아직 발견되지 않은 별이고,
당신 인생 최고의 날은 아직 살지 않은 날들이다.

_토머스 바샵, 《파블로 이야기》(한경비피) 중에서

그렇습니다. 지금까지 빛나는 별을 수없이 보아 왔지만, 더 빛나는 별이 우리를 기다리고 있다는 희망이 있기에 인생은 아름답습니다.

17 July

구름이 모여 비를 만들어 내듯

모든 일에는 전조가 있다.
무엇이 됐든 하늘에서 뚝 떨어지는 일도 없고,
땅 속에서 갑자기 솟아나는 일도 없다.
구름이 모여 비를 만들어 내듯
세상만사 작은 것에서부터 시작된다.
작은 일들을 무시하면 나중에 큰 코 다친다.

강상구, 《마흔에 읽는 손자병법》(흐름출판) 중에서

14
June

이제야 깨달았습니다.
믿어서 사랑하는 것이 아니라
사랑해서 믿는다는 것을.

그냥 조금만 더 사랑하면
다 해결될 문제인데
왜 행복한 순간은 그때 알아채지 못할까요.

_ 영화 〈시라노 연애조작단〉 중에서

16
July

누구나 영웅이 될 수 있어요.
어린아이의 어깨에 코트를 걸쳐 주며
세상이 끝나지 않았다고
말해 주는 사람도 영웅이죠.

_ 영화 〈다크나이트 라이즈〉 중에서

●

슈퍼맨이나 배트맨, 혹은 아이언맨만이 영웅은 아닙니다. 자신이 맡은 소임을 성실히 감당해 내며, 자신의 가족과 이웃과 동료가 좀 더 행복한 삶을 살도록 돕고, 자신이 속한 조직을, 자신이 발을 디디고 선 그 땅을 조금이라도 나아질 수 있게 하고자 고민하고 분투하는 사람이라면 누구나 영웅입니다. 당신도 '영웅'이 되어 보세요.

15
June

감사하는 마음은
다른 사람에게 보내는 감정이 아니라
자기 자신의 평화를 위한 것이다.

_ 공자, 《논어》 중에서

감사하는 마음

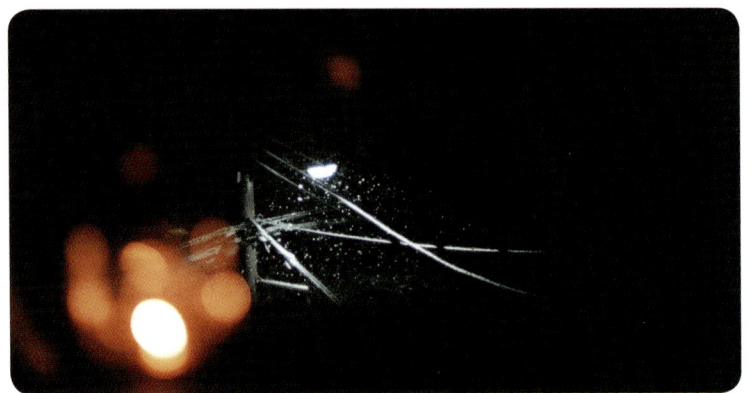

15 July

살다 보면 누구에게나 어려움이 찾아옵니다.
꿈은 그때 별이 됩니다.
그 별이 자신의 길을 안내합니다.
그게 꿈의 힘입니다.

— 김경집, 《지금은 길을 잃었을지라도》(넥서스) 중에서

쉬어 가라.
왜 이렇게 빨리 달려가는 것일까?
충분히 쉬도록 하라.
그러고 나면 계획했던 길을
더 힘차게 나아갈 수 있다.

_ 안젤름 그륀, 《하루를 살아도 행복하게》(위즈덤하우스) 중에서

16
June

쉬어 가라

쉼표 없이 문장이 완성되기 어렵듯 우리 인생에도 적절한
'휴식'이 필요합니다. 쉬지 않고 달리면 더 빨리, 더 멀리
갈 수 있을 것 같지만 절대 그렇지 않습니다. 열심히 걷고
달리다가 한 번씩 충분히 쉬고 재충전하면 오히려 더 빨리,
더 멀리 갈 수 있습니다.

14
July

65세가 되고 나서 깨달은 건

65세가 되고 나서 깨달은 건
싫은 걸 하면서 시간을 낭비할 수 없다는 거다.

_ 영화 〈그레이트 뷰티〉 중에서

17
June

인생에서 중요한 건 딱 두 가지야.
사랑하는 사람을 찾아.
그리고 매일을 인생의 마지막 날처럼 살아.

_ 영화 〈나를 찾아줘〉 중에서

매일을 인생의 마지막 날처럼 살아

13
July

다시 태어난다 해도,
당신밖에는 없을 것처럼 좋아해라

다시 태어난다 해도 당신밖에는 없을 것처럼 좋아해라. _ 이병률, 《바람이 분다 당신이 좋다》(달) 중에서

18 June

바로 지금이 그것을 할 때입니다—

우리 모두는 삶, 사랑, 모험에 대한
꿈을 가지고 있습니다.
하지만 슬프게도 우리는 그것들을
시도해서는 안 되는 이유들로만 무장하고 있습니다.

삶은 우리가 생각하는 것보다 훨씬 짧습니다.
만일 타야 할 자전거와 사랑해야 할 사람들이 있다면,
바로 지금이 그것을 할 때입니다.

_엘리자베스 퀴블러 로스, 《인생 수업》(이레) 중에서

시대가 변했다고 우리도 변할 필요는 없어.
멋대로 변한 건 시대라고.

_ 영화 〈이웃집 남자〉 중에서

소중한 순간이 오면
따지지 말고 누릴 것,
우리에게 내일이 있으리란
보장은 없으니까.

_ 영화 〈창문 넘어 도망친 백 세 노인〉 중에서

•
사실 우리에게 '내일'은 없습니다.
그날그날 맞이하는 '오늘'만이 있을 뿐입니다.
날마다 자신에게 주어지는 오늘을, 매시간을, 매분 매초를
성실하고도 충실하게 살아내면 우리의 인생은 보람과 행복으로 채워질 겁니다.

19
June

소중한 순간이 오면

11
July

사막이 아름다운 것은
어딘가에 우물을 감추고 있기 때문이야.

_ 생텍쥐페리, 《어린 왕자》중에서

●
사막이 아름다운 건 어딘가에 '오아시스'가 있기 때문입니다.
기나긴 여행길에 지치고 갈증으로 허덕이는 나그네에게
시원한 '물'과 '그늘'을 제공해 주는 오아시스가 있기 때문입니다.
내 인생이 아름다운 건 내 삶의 장면 장면에 사막의 오아시스와도 같은 '당신'이 있기 때문입니다.

춤추듯 가슴 뜨겁게 살고 있습니까?
나이를 잊고 계속 춤을 추십시오.
꿈이 그대를 춤추게 하십시오.

_고도원, 《꿈이 그대를 춤추게 하라》(해냄) 중에서

20
June

춤추듯 가슴 뜨겁게 살고 있습니까

지독히 화가 날 때는

10 July

지독히 화가 날 때는
인생이 얼마나 덧없는가를 생각해 보라.

_ 마르쿠스 아우렐리우스, 《명상록》 중에서

21
June

오늘은 선물이다

어제는 지나 버렸고 내일은 알 수 없지만
오늘은 선물이다.
그래서 현재(Present)라고 한단다.

_ 애니메이션 영화 〈쿵푸 팬더〉 중에서

●

신이 당신에게 허락하는 '오늘'을, 그리고 지금 이 순간(present)을
'선물(present)'로 생각하며 감사하는 마음을 잃지 않고 살아간다면
당신의 그 '오늘'은, 그리고 '지금 이 순간'은 세상에서 가장 값진
보물처럼 귀하게 될 겁니다.

09
July

좀 늦게 가는 것이
창피한 일은 아닙니다.
사막의 낙타는 천천히 가기에
무사히 목적지에 닿을 수 있지 않습니까.
무엇이든 과정이 있는 법이고,
그 과정을 묵묵히 견뎌 낸 사람만이
결국에는 값진 열매를 얻을 수 있습니다.

_ 이정하, 《돌아가고 싶은 날들의 풍경》(고려문화사) 중에서

좀 늦게 가는 것이 창피한 일은 아닙니다

22
June

나에게
말을 건넨다.
"오늘 하루도 수고했다."
편석환, 《나는 오늘부터 말을 하지 않기로 했다》(사루) 중에서

오늘 하루도 수고했다

08
July

현재를 즐겨라.
너희들의 삶을 특별하게 만들어라.

_ 영화 〈죽은 시인의 사회〉 중에서

너희들의 삶을 특별하게 만들어라

당신의 삶이 특별한가 그렇지 않은가는 전적으로 당신에게 달려 있습니다.
당신이 자신의 인생이 평범해지고 초라해지는 걸 거부하고 특별함으로 가득
채우기로 했다면, 당신의 인생은 그 순간부터 특별해지기 시작할 겁니다.

23
June

누군가가 너를 좋아하도록 강요할 수는 없어.
우정이 성장하는 데는 시간이 필요해.
_ 미드 〈잭과 코디, 우리집은 호텔 스위트룸〉 중에서

우정이 성장하는데는
시간이 필요하다

여러분이 태어나는 바로 그날,
여러분은 생일선물로 이 세상을 받은 것이라고
나는 생각하고 싶습니다.

_ 레오 버스카글리아, 《살며 사랑하며 배우며》(홍익출판사) 중에서

07
July

여러분이 태어나는 바로 그날

당신이 태어난 날, 당신은 이 세상을 선물로 받았습니다.
그리고 내가 당신을 만난 날, 나는 이 세상을 선물로 받은 당신을 선물로 받았습니다.

24
June

우리의 마음을 불현듯 사랑으로 채우는 것,
그것이 바로 기적이다.

_파울로 코엘료, 《아크라 문서》(문학동네) 중에서

운명이란 말이

06
July

우리가 정말 만날 운명이라면
어디선가 우연히 마주치게 되지 않을까?
운명이란 말야,
노력하는 사람한테 '우연'이라는
다리를 놓아 주는 거야.

_ 영화 〈엽기적인 그녀〉 중에서

모든 것을 잃고 나면 가장 소중한 것과 마주하게 된다. _ 영화 〈서툴지만, 사랑〉 중에서

25
June

지금 할 수 있는 것을 지금 하십시오

지금 할 수 있는 것을 지금 하십시오.
그러면 다음 것을 하기가 수월할 것입니다.
첫 발을 내딛으면 그다음 걸음은
쉽게 뗄 수 있습니다.

_우 조티카 사야도, 《마음의 지도》(연방죽) 중에서

26
June

가장 사랑하는 사람을 가장 잘 안다.
사랑하는 것과 알게 되는 것은 거의 같은 것이다.
가장 사랑하는 사람을 가장 잘 안다는 건
분명한 사실이다.

_ 헤르만 헤세, 《헤세의 사랑》(그책) 중에서

●

Loving is Knowing. 어떤 대상을 지극히 사랑하면 좀 더 깊이 알고 싶어지게 마련입니다. 어떤 대상에 대해 특별한 관심이 있다면 자연스럽게 많은 것을 알게 되고 지식이 쌓입니다. 그러므로 사랑하면 (깊이) 알게 됩니다. 반대로 어떤 대상에 대해 잘 몰랐다가 우연한 기회로 알게 되고, 그러면서 차츰 관심이 깊어지고, 그 관심의 싹이 자라 사랑으로 커 가기도 합니다. Knowing is loving. 즉, 아는 것이 사랑하는 일의 출발점이 되기도 하는 겁니다.

04
July

청춘이라는 새는 날아가면 다시 돌아오지 않아. _ 영화 〈모터사이클 다이어리〉 중에서

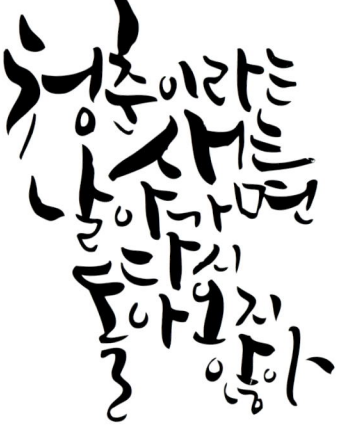

27
June

내 인생이 바둑이라면 첫 수부터 다시 두고 싶다

내 인생이 바둑이라면 첫 수부터 다시 두고 싶다. _ 영화 〈스톤〉 중에서

•
내 인생이 '바둑이'라면 꼬리 치며 주인을 반기고 껑충껑충 뛰며 환호하겠습니다.
눈이 오는 날에 신도 안 신고 들판에 나가 '멍 멍' 짖으며 신나게 뛰어다니겠습니다. 내 인생이 바둑이라면…!

난 희망이 없어 그러니 희망만 생각하자

난 희망이 있어.
그러니 희망만 생각하자.
사람을 강하게 만드는 것은
사람이 하는 일이 아니라,
하고자 노력하는 것이다.

_ 어니스트 헤밍웨이, 《노인과 바다》(민음사) 중에서

03
July

28
June

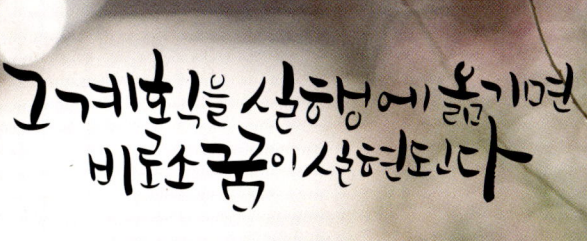
그 계획을 실행에 옮기면
비로소 꿈이 실현된다

꿈을 날짜와 함께 적어 놓으면
그것은 목표가 되고,
목표를 잘게 나누면
계획이 되고,
그 계획을 실행에 옮기면
비로소 꿈이 실현된다.

_그레그 S. 레이드, 《10년 후》(해바라기) 중에서

02
July

당신을 모르고 백 년을 사는 것보다
당신을 알고 지금 죽는 게 나아요.

_ 애니메이션 영화 〈포카혼타스〉 중에서

●
당신을 알고, 당신과 함께
백 년을 행복하게 살면 좋겠습니다!

June

그대여, 어느 쪽을 선택할 것인가는 오로지
그대 의지에 달려 있다.
하지만 그대여, 결코 서두르지 마라.
대어를 낚으려는 조사일수록 기다림이 친숙하고,
먼 길을 떠나려는 나그네일수록 서둘러
신발 끈을 매지 않는다.

_ 이외수, 《청춘불패》(해냄) 중에서

●

밥도 뜸이 들어야 제대로 되듯 모든 일에는 '시간'이 필요합니다.
기다릴 줄 알아야 합니다. 참고 인내할 줄 알아야 합니다.
기다림의 시간을 즐길 줄 알아야 합니다.
큰 물고기를 낚고자 하는 사람은 오랜 기다림의 시간을 견디며
낚싯대와 낚싯줄이 튼튼한지 살피고 좋은 미끼를 준비합니다.
먼 길을 떠나려는 사람은 운동으로 몸을 튼튼하게 하고 여분의 신발을
준비합니다. 기다림의 시간 없이 큰일이 이루어지는 경우는 없습니다.

행복이란
첫째, 어떤 일을 하는 것이고
둘째, 어떤 사람을 사랑하는 것이고
셋째, 어떤 것에 희망을 품는 것이다.

_ 이마누엘 칸트

30
June

"여기에 보이는 건 껍데기에 지나지 않아.
가장 중요한 것은 눈에 보이지 않아."

_생텍쥐페리, 《어린 왕자》 중에서

07
JULY

365일, 날마다 내 삶을 변화시키는 한 문장
달콤한 아침 포근한 저녁

365일, 날마다 내 삶을 변화시키는 한 문장

달콤한 아침 포근한 저녁

글·구성 **두드림** | 캘리그래피 **박효지** | 사진 **이지예**

값 16,000원

9788998697327
ISBN 978-89-98697-32-7 03810

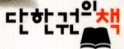